0
km
100
Morze Baltyckie
Rowy / Rowe
Słowiński Park Narodowy
Slowinzischer Nationalpark
Łeba / Leba
Jastrzębia Góra
Habichtsberg
Władysławowo
Großendorf
Krokowa
Krockow
Jez.
Zarnowieckie
Chałupy
Puck
Putzig
Jastarnia / Heisternest
Jurata
Hel / Hela
Helsinki 40h
Kaliningrad / Königsberg 6h
Jez.
Gardno
Jez.
Lebsko
Lębork
Lauenburg
Wejherowo
Neustadt
E 28
6
Słupsk
Stolp
Gdynia / Gdingen
Sopot / Zoppot
Frische
Nehrung
Braniewo / Braunsberg
Sianowo
Oliwa
Oliva
Gdańsk / Danzig
Frombork
Frauenburg
Chmielno
Ludwigsdorf
Kartuzy
Karthaus
Sobieszewo
M
Sztutowo
Stutthof
Tolmicko
Tolkemit
Jez.
Radunskie
E 77
21
Koszierzyna
Berent
1
Kadyny
Cadinen
Bytow
Bütow
Jez.
Wdzydze
M
Wdzydze
KASCHUBISCHE SCHWEIZ
Tczew
Dirschau
Wisla
Nogat
Elbląg
Elbing
22
Malbork
Marienburg
E 77
Brusy-Jaglie
Jez.
Karsinskie
Starogard Gdański
Preuß. Stargard
23
Jez.
Charzykowskie
Weichsel
22
16
Swiecie
Schönau
1
Grudziadz
Graudenz
23
Wisla
52
Bydgoszcz
Bromberg
10
10
Toruń
Thorn
1
Warschau

Polnische Ostseeküste

Ein illustriertes Reisehandbuch

von
Rita Benz
und
Ludwig Schell

Edition Temmen

Die Deutsche Bibliothek – CIP Einheitsaufnahme
Benz, Rita: Polnische Ostseeküste :
ein illustriertes Reisehandbuch / von Rita Benz und Ludwig Schell. –
Bremen : Ed. Temmen, 1996
ISBN 3-86108-432-5
NE: Schell, Ludwig

Bildnachweis
Polnisches Informationszentrum für Touristik, Köln: 11, 26/27, 57, 61;
C. Gartner/J. Utschakowski: 13, 22, 62, 72, 81; R. Reinicke: 4, 35;
D. Klose: 33, 39, 40, 41; Müller: 13, 51; Jürgens Photo: 49, 53, 71, 78;
Z. Grabowiecki: 73, 76, 84/85, 88, 100/101, 114/115, 119, 122/123, 124, 129;
B. Stolz: 92, 95, 99, 105, 107; L. Liffers: 9;
alle restlichen Abbildungen: Verlagsarchiv

Karten: Kartendienst Andreas Toscano del Banner, München

Hohenlohestr. 21 – 28209 Bremen
Tel. 0421-344280/3478292 – Fax 0421-348094

Herstellung: Edition Temmen
ISBN 3-86108-432-5

Inhalt

Geboren wann? Nun sag schon, wo?
Das liegt nordöstlich, westlich von
und nährt noch immer Fotografen.
Das hieß mal so, heut heißt es so.
Dort wohnten bis, von dann an wohn-
ten.
Ich buchstabiere: Wrzeszcz hieß früher.
Das Haus blieb stehen, nur der Putz.
Den Friedhof, den ich, gibts nicht mehr.
Wo damals Zäune, kann heut jeder.
So gotisch denkt sich Gott was aus.
Denn man hat wieder für viel Geld.
Ich zählte Giebel, keiner fehlte:
das Mittelalter holt sich ein. ...
Ja, in Geschichte war ich immer gut.
Fragt mich nach Pest und Teuerung.
Ich bete häufig Friedensschlüsse,
die Ordensmeister, Schwedennot,
und kenne alle Jagellonen
und alle Kirchen, von Johann
bis Trinitatis, backsteinrot.
Wer fragt nach wo? Mein Zungen-
schlag
ist baltisch tückisch stubenwarm.
Wie macht die Ostsee? –Blubb, pifff,
pschsch ...
Auf deutsch, auf polnisch: Blubb, pifff,
pschsch ...

aus: Günter Grass, Kleckerburg

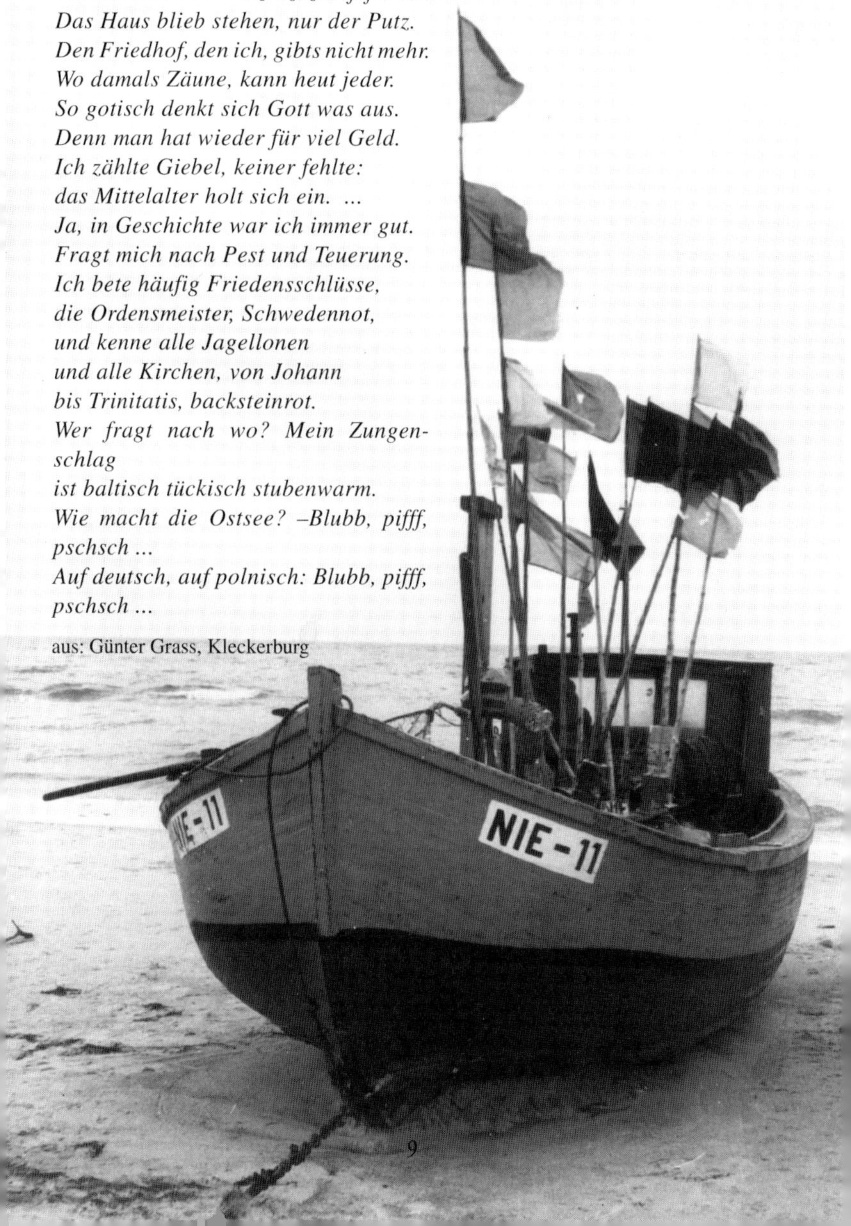

Vorwort

Vom Stettiner Haff bis zur Danziger Bucht: Über 520 Kilometer erstreckt sich die polnische Ostseeküste, eine der attraktivsten Regionen des Nachbarlandes. Vielfalt bestimmt ihre Erscheinung. Flache Dünenstrände gehen über in steiles Kliffufer, Buchten variieren mit Strandseen und Haffs. Man bekommt Lust, sich in die Fluten zu stürzen oder am Strand zu faulenzen, will Küstenwanderungen unternehmen oder das Hinterland erkunden.

Schon wenige Kilometer nördlich von Stettin erreicht man die Insel Wollin mit einem waldreichen Nationalpark. Bis zu 100 m ragen Kalkklippen auf, in den Buchen- und Eichenhainen des Hinterlandes liegen türkisfarbene Seen versteckt. Von der Insel Wollin dehnen sich Sandstrände bis zum Slowinzischen Nationalpark aus, heute ein Biosphärenreservat. Hier findet man wüstenartige Dünen, die ostwärts wandern, und versumpfte Seen, in denen Seeadler und Schwarzstörche nisten. Südlich der Ostseeküste schließt sich die Region der Pommerschen und Kaschubischen Seenplatte an. Die Flüsse Drawa und Parsęta, die sie durchfließen, gehören zu den saubersten in Polen und sind ein Paradies für Angler und Paddler.

Die Ostseeküste ist touristisch gut erschlossen. Die Suche nach Unterkünften bereitet keinerlei Schwierigkeit: Groß ist das Bettenangebot in Hotels, Gästehäusern und Ferienheimen, stilvoll nächtigt man in Schlössern und Palästen. In jedem Jahr entstehen überdies neue Restaurants mit polnischer, verstärkt auch internationaler Küche.

Der polnische Ostseeraum blickt auf eine bewegte Geschichte zurück. Jahrhundertelang unterstanden weite Teile dieser Region deutscher Herrschaft, Spuren der einstigen Eigner wirken nach. Man begegnet alter hanseatischer Backsteinarchitektur, teils erhalten, teils rekonstruiert. Stettin war einmal »Berlins Tor zur Welt«, Zoppot wurde als »mondänster Kurort Deutschlands« gepriesen. Aus Rügenwalde wurde die bei Feinschmeckern beliebte Teewurst geliefert, aus Stolp ein klassischer Camembert, das *Stolper Jungchen.* Der Bauhauskünstler Lyonel Feininger verbrachte viele Ferientage in einem romantischen Fischerdorf nahe Kolberg, die Brükke-Maler Pechstein und Schmidt-Rottluff schufen ihre schönsten Bilder in den umliegenden Küstenorten.

Wer heute nach Polen fährt, bewundert die meisterhaft restaurierte Danziger Rechtstadt, begibt sich auf kulturelle Spurensuche z.B. in Marienburg, Stettin und Cammin. Doch in nur wenigen Städten fühlt er sich heimisch; abschreckend ist die Bauweise nach 1945, oft deprimierend die Armut, die dem Besucher entgegenschlägt. Es gibt Orte, die buchstäblich aus dem Schutt des Zweiten Weltkriegs auferstanden sind, sie wirken gesichtslos, nicht selten vernachlässigt. Farbigkeit er-

schöpft sich in greller Leuchtreklame, mit bunter Warenwelt, die für viele unbezahlbar ist, sucht man Anschluß an die westliche Welt.
Es ist die schöne Natur, die den Urlauber begeistert – Landschaften entschädigen für städtische Tristesse. Doch auch an bestimmten Küstenabschnitten ist die Freude nicht ungetrübt. Die Danziger Bucht und das Stettiner Haff sind durch Industrieabwässer verunreinigt, das Baden wird hier nicht empfohlen. Zum Glück wurden in den vergangenen Jahren auch in Polen zahlreiche Maßnahmen zum Schutze der Umwelt eingeleitet. Das untere Odertal wird unter Naturschutz gestellt, entlang der Weichsel entstehen Kläranlagen. Der Besucher wird schon bald von diesen Maßnahmen profitieren – es ist zu hoffen, daß er auch in Swinemünde, Zoppot und Puck bald wieder gefahrlos baden kann.
Älteren Reisenden – aber nicht nur diesen – fällt es schwer, sich an den polnischen Klang der neuen geographischen Bezeichnungen zu gewöhnen: viele Namen erscheinen unaussprechlich, klingen in deutschen Ohren wie Zungenbrecher. Das Problem ist vielschichtig: Wer nach Italien fährt, spricht unbedenklich von Mailand und Venedig, kein Italiener käme auf die Idee, ihm verkappten Nationalismus vorzuwerfen. Anders ist die Situation in Polen, wo mit deutschen Bezeichnungen auch vergangene Geschichte heraufbeschworen wird. Viele Polen sind irritiert, wenn deutsche Besucher ihre Städte mit Namen versehen, die aus unheilvoller ›deutscher Zeit‹ stammen. Darum wollen wir auch in diesem Buch, wo wir heutige Orte beschreiben, der polnischen Schreibweise den Vorzug geben – die deutsche Benennung wird in Klammern nachgestellt. Im Anhang findet sich zusätzlich ein Register deutsch-polnischer Ortsnamen.

Geschichtlicher Überblick

Noch vor 15.000 Jahren war das Mare Balticum ein Binnensee von kleiner Ausdehnung. Es war in eine Landmasse eingebettet, die vom heutigen Großbritannien bis Polen reichte. Im Norden und Westen war es durch Gletscher vom Atlantik abgeschnitten, im Süden nährte es sich von Flüssen der bereits eisfreien Gebiete. Durch Erwärmung der Erdatmosphäre schmolzen die Gletscher, Salzwasser aus dem Atlantik strömte über eine Landsenke in die Ostsee (8300-5000 v.Chr.). Das Land, auf dem bis dahin das Gewicht der Gletscher gelastet hatte, hob sich, verwandelte das Meer erneut in einen Binnensee. Seine heutige Gestalt erhielt es zwischen 5000 und 500 v.Chr., als die Landenge zwischen Dänemark und Schweden überflutet und damit abermals ein Zugang zum Atlantik geschaffen wurde. In dieser Zeit verschwand die letzte Eismasse, die auf dem Stettiner Haff lagerte, Schmelzwasser bahnten sich ihren Weg gen Süden und formten das breite Niederungstal der Oder.

Die menschliche Besiedlung des Ostseeraums reicht Jahrtausende zurück. Nomadisierende Jäger und Sammler lebten in den vom Eis befreiten Gebieten, nur wenig ist über sie bekannt. Ab ca. 2000 v.Chr. siedelten sich in den Wald- und Sumpfgebieten Ostmitteleuropas Illyrer und Skythen an. Ab dem 4. Jh. n.Chr. zogen Germanen über das Land, ließen sich dort kurze Zeit nieder, bevor sie gen Süden weiterwanderten. Aus dem Osten stießen slawische und baltische Stämme nach, Pomeranen und Kaschuben wurden westlich, Pruzzen östlich der Weichsel seßhaft.

Die Macht der Küstenbewohner beruhte auf Seefahrt. Mit Schiffen, die an die Boote der Wikinger erinnern, starteten sie Raubzüge gegen dänische und schwedische Siedlungen. An strategischen Stellen errichteten sie Wehrburgen, Straßen zur See und zu Lande wurden von hier kontrolliert. Das ›Gold des Baltikums‹ war Bernstein, als Handelsgut so begehrt und teuer wie Edelstein. Doch auch weniger luxuriöse Güter fan-

Linke Seite:
Ethnographisches Museum in Słupsk

Kopf der Statue
einer slawischen Gottheit

den in Westeuropa prächtigen Absatz: gedörrter Fisch, Salz und Holz. Mit zunehmendem Handel entwikkelten sich regionale Machtzentren. Der Angelsachse Wulfstan, der um 890 n.Chr. die Küste abfuhr, bezeichnete die Ostsee als »Meer der Veneter« (Vendile Mare), womit damals die Bewohner der Insel Wollin gemeint waren. Und ein arabischer Gelehrter, der Wollin 76 Jahre später aufsuchte, beschrieb eine mächtige und schöne Stadt, in die man durch zwölf Tore Einzug hielt.

Um die Jahrtausendwende gelang es den slawischen Stämmen der Polani (»Menschen der freien Felder«), weite Teile des Gebiets zwischen Oder und Weichsel unter ihrer Führung zu vereinen. Fürst Mieszko I. (ca. 960–992), in der polnischen Geschichtsschreibung zum Staatsgründer Polens stilisiert, eroberte 967 Wollin und erwarb Zugang zum Meer. Er konvertierte zum Christentum und entzog damit seinem mächtigen westlichen Nachbarn, dem Heiligen Römischen Reich Deutscher Nation, die Legitimation für einen Kreuzzug gegen sein Land. Zugleich wurde er vom Papst als christlicher Souverän anerkannt. Doch bereits mit dem Tod seines Nachfolgers Bolesław des Tapferen im Jahr 1025 zerfiel das Land in konkurrierende Teilfürstentümer: Christlicher Glaube erwies sich als wenig verankert, entlang der Ostseeküste triumphierten für weitere 100 Jahre die heidnischen Götter. Erst 1128 gelang es dem vom Papst gesandten Bischof Otto von Bamberg, die Missionierung zu vollenden. Triglav, der dreigesichtige Gott der Slawen, Herrscher über Himmel, Unterwelt und Erde, wurde mit Feuer und Schwert vernichtet. 1140 wurde in Wollin ein Bistum gegründet, 36 Jahre später wurde es nach Cammin verlegt.

Schiffbau im 8. Jahrhundert

Der Mottlau-Hafen in Danzig nach einem Stich von Matthäus Deisch

Schon dieser Blick auf die frühe Geschichte Polens zeigt, wie unsinnig angeblich historisch abgeleitete Besitzansprüche auf diese Region sind. »Deutsch« und »Polnisch« sind nicht die Kategorien, in denen man die wechselvolle Frühgeschichte des Landes fassen kann. Slawische Herrscher unterwarfen sich dem Deutschen Kaiser, wurden Vasallen Friedrich I. Barbarossas. Ab dem 13. Jahrhundert zielte aktive Besiedlungspolitik auf Germanisierung der Region, es wurden erst Mönche, dann Siedler ins Land geholt. Im Schutz der Klöster entstanden Dörfer, in denen die zugewanderten Deutschen mit den slawischen Bewohnern zusammenlebten oder sie dominierten. Polnische und deutsche Wörter verraten den Assimilationsprozeß: So wurde etwa aus dem deutschen *Ritter* der polnische *rytir*, aus dem polnischen *granica* die deutsche *Grenze*.

Östlich der Weichsel spielte der Deutsche Orden eine entscheidende Rolle. 1226 war er vom polnischen Herzog Konrad von Masowien ins Land gerufen worden, um die heidnischen Pruzzen zu befrieden. Doch mit der Vasallenrolle mochten sich die Ritter nicht bescheiden, sie schufen einen theokratischen, zentralistisch verwalteten Ordensstaat, der ab 1308 von der Marienburg regiert wurde. Seine Blütezeit fiel in die zweite Hälfte des 14. Jahrhunderts, viele monumentale Backsteinburgen dokumentieren den Willen zur Macht. Deutsche Siedler, aber auch masowische Bauern wurden ins Land geholt, um die Wildnis urbar zu machen.

Parallel zur Machtentfaltung des Deutschen Ordens kam es entlang der Ostseeküste zu Stadtgründungen nach Lübecker bzw. Magdeburger Recht. Die Küstenstädte waren durch die Handelssprache Deutsch

Kaufleute (um 1505)

geeint: Cammin und Greifenhagen, Kolberg und Treptow, Rügenwalde und Stolp, Elbing, Frauenburg und Braunsberg. Sie alle wurden Mitglieder der Hanse, einer Vereinigung deutscher Großkaufleute, der es gelang, den gesamten Handel zwischen Flandern und Rußland zu monopolisieren. Das südliche Baltikum entwickelte sich rasch zu einem lukrativen Wirtschaftsraum. Die Ostsee verfügte über die reichsten Heringsfanggründe Europas; Fische wurden mit Kolberger Salz konserviert und auf dem gesamten Kontinent verkauft. Wichtig war aber auch der Handel mit Getreide, das aus dem polnischen Hinterland über die Weichsel nach Danzig gebracht wurde. So galt Stettin bald als das Fisch-, Danzig als das Getreidehaus der Hanse.

Das wiedererstarkte, seit 1386 mit Litauen vereinigte Polen widersetzte sich weiterem Machtzuwachs des Ordensstaats. In der Schlacht von Grunwald 1410 wurde dieser militärisch besiegt und mußte sich daraufhin zur Zahlung extrem hoher Abgaben verpflichten. Der wirtschaftliche Druck, der fortan auf der Bevölkerung des Ordensstaates lastete, führte zu offener Rebellion. Die Städte der Hanse schlossen sich zum Preußischen Städtebund zusammen und unterstellten sich dem Schutz des polnischen Königs. Im 13jährigen Krieg gelang es ihnen, die Ordensherrschaft abzuschütteln (1466). Im Thorner Frieden mußte der Orden die Pommerellen, Kulmerland und Ermland an Polen abtreten. Der Ordensstaat wurde somit zwar verkleinert, konnte sich aber in Ostpreußen bis 1525 behaupten. Er wurde zum protestantischen Herzogtum Preußen säkularisiert und formal der polnischen Krone

Dorfschule 1657

unterstellt. Damit war die Nordflanke Polens befriedet, das Land genoß in den folgenden Jahrzehnten politische Stabilität.

Mit dem Goldenen Zeitalter in Polen korrespondierte eine Phase wirtschaftlicher und kultureller Blüte in Pommern. Herzog Bogislaw X. (1474-1532) erkor Stettin 1487 zu seiner Residenz, ab 1491 war ganz Pommern seinem Einflußbereich zuzuordnen. 1534 beschloß der Treptower Landtag die Einführung der Reformation, zehn Jahre später wurde Cammin in ein evangelisches Bistum umgewandelt. Die Küstenstädte profitierten von der sich herausbildenden kulturellen Vereinheitlichung Pommerns, büßten aber in der Folgezeit ihre Stellung als europäische Handelszentren ein. Grund dafür war die Entdekkung der Neuen Welt und die damit einhergehende Verlagerung der internationalen Handelsrouten auf den Atlantik.

1572, mit dem Tod des letzten Jagiellonenkönigs, begann sich Polen zu desintegrieren und verlor seine Funktion als europäische Großmacht. Das Land wandelte sich in eine Wahlmonarchie von Gnaden konkurrierender Adelsfraktionen. Wichtige Magnaten paktierten mit ausländischen Dynastien, Polen wurde zum Spielball der benachbarten Königreiche. Im 17. Jahrhundert wurde das Land an allen Fronten in militärische Auseinandersetzungen verwickelt.

Der Dreißigjährige Krieg (1618-48) markierte auch für Pommern das Ende des ›Goldenen Zeitalters‹. Hinzu traten Erbauseinandersetzungen nach dem Tod Bogislaws XIV., des letzten Vertreters aus dem Fürstenhaus der Greifen. Vorpommern und das Gebiet um Stettin fiel

»Der Königskuchen«, Satirische Darstellung der ersten Teilung Polens 1772

an Schweden, Brandenburg erhielt Hinterpommern mit der Stadt Stolp. Im Gefolge des Ersten Nordischen Kriegs zwischen Polen und Schweden (1655–60) befreite sich Ostpreußen von der polnischen Lehensabhängigkeit und wurde souverän. Der Kurfürst von Brandenburg erwarb Lauenburg und Bütow als erbliche Lehen der polnischen Krone. Als 1701 Kurfürst Friedrich III. von Brandenburg als Friedrich I. zum König in Preußen gekrönt wurde, wuchsen Ostpreußen, Brandenburg und Pommern zu einem machtvollen Staat zusammen. 1720 erwarb Preußen die Stadt Stettin samt den vorgelagerten Inseln Usedom und Wollin, die Region nahm einen immensen Aufschwung. In den folgenden Jahrzehnten, vor allem in der Regierungszeit König Friedrichs II. des Großen (1740–86), wurden weite Landstriche Pommerns kolonisiert und Industrieprojekte gestartet.

Zwischen 1772 und 1795 wurde Polen dreimal geteilt, für mehr als 120 Jahre verschwand es von der europäischen Landkarte. Mit den Teilungen expandierte Preußen ostwärts und erwarb alle Gebiete, die der Deutsche Orden 1466 hatte abtreten müssen. Nach weiteren ›Korrekturen‹ auf dem Wiener Kongreß 1815 befand sich die gesamte Ostseeküste in preußischem Besitz, 1870 entstand unter der Führung Preußens das Deutsche Reich. Stettin wurde Hafen und maritimer Vorposten Berlins, Werften und Industrie erlebten einen gewaltigen Boom. Gleichzeitig ging die deutsche Regierung daran, die polnische Sprache und die spezifisch polnische Ausprägung des Katholizismus massiv zu bekämpfen. Der propagierte Kulturkampf hatte zum Ziel, die annektierten Gebiete möglichst umfassend zu germanisieren. Nach dem Ersten Weltkrieg wurde Polen von den Siegermächten als souveräner Staat wiedererschaffen. Gemäß Versailler Friedensvertrag erhielt es an der Ostseeküste Zugang zum Meer, dieser blieb allerdings auf einen kleinen Zipfel Ostpommerns beschränkt, reichte nur von der Halbinsel Hel bis einschließlich Gdingen; das südlich gelegene Danzig wurde Freistadt unter Verwaltung des Völkerbundes. Durch den ›polnischen Korridor‹ war die Landverbindung zwischen dem Deutschen Reich und dem gleichfalls deutschen Ostpreußen unterbrochen. Die deutsche Regierung drängte deshalb unablässig auf eine Revision der Grenzen, wünschte eine veränderte Verfassung für die Stadt Danzig sowie den Bau einer extraterritorialen Autobahn und einer Eisenbahnlinie nach Ostpreußen. Die ungelöste Danzig-Frage war für das faschistische Deutschland willkommener Vorwand für den Überfall auf Polen. Am 1. September 1939 erfolgte der deutsche Angriff auf die Westerplatte bei Danzig, deutsche Truppen besetzten binnen weniger Wochen weite Teile des Landes. Der Zweite Welt-

Mit dem deutschen Angriff auf die Westerplatte begann der Zweite Weltkrieg

Hitler besucht nach dem Überfall auf Polen Danzig

krieg endete in Polen erst über fünf Jahre später mit der Befreiung durch die Rote Armee und die polnische Heimatarmee (Armia Krajowa). Allein in diesem Land kostete der Krieg 6 Millionen Menschen das Leben, darunter befanden sich über 3 Millionen polnische Juden.

Auf den Konferenzen von Jalta und Potsdam wurden die neuen polnischen Staatsgrenzen festgelegt: die Oder-Neiße-Linie markierte die Westgrenze, die Curzon-Linie wurde zur Ostgrenze. Damit verschob sich das polnische Staatsgebiet weit in Richtung Westen. Auch Pommern und Danzig gehörten nun zu Polen, die Mehrzahl der hier lebenden Deutschen wurde vertrieben. Vor allem Bürgern aus den ehemaligen polnischen Ostgebieten, die nach 1945 gleichfalls umgesiedelt wurden, oblag die Aufgabe des Wiederaufbaus der zerstörten Städte im Ostseeraum.

Polen wurde nach sowjetischem Vorbild ein sozialistisches Land, blieb knapp ein halbes Jahrhundert im Einflußbereich des Nachbarlandes. Die Planwirtschaft wurde eingeführt, Banken und wichtige Industrien wurden nationalisiert. Stalin zeigte sich gegenüber dem Experiment von Anfang an skeptisch. »Kommunistische Herrschaft«, meinte er, »paßt zu Polen wie der Sattel auf eine Kuh.« Der sowjetische Parteiführer behielt recht: Grosse Teile der Bevölkerung waren nicht gewillt, sich mit den neuen Herren anzufreunden. Wiederholt kam es zu regierungsfeindlichen Streiks und Demonstrationen, die sich 1956 und 1970 an Preiserhöhungen entzündeten, 1980 auch mit politischen Forderungen verknüpft wurden. Brennpunkt der Rebellion waren die Städte Danzig und Stettin. Die Partei machte Zugeständ-

Die Verteidiger der polnischen Post in Danzig werden von Wehrmachtssoldaten gefangenengenommen

Der US-amerikanische Präsident Bush in Polen

nisse: Sie nahm Maßnahmen zur Kollektivierung der Landwirtschaft zurück, tauschte führende Köpfe aus, beließ der Kirche zahlreiche Privilegien, revidierte Preissteigerungen und nahm im Westen Kredite auf, um den Wunsch der Bevölkerung nach Konsumartikeln zu befriedigen... - doch all dies nutzte nichts, nach 44 Jahren ›volksdemokratischer‹ Herrschaft mußte die Polnische Arbeiterpartei abtreten. Als erster Bündnispartner verließ Polen den Warschauer Pakt und beschleunigte damit den Zerfall des sozialistischen Lagers. Neue Parteien kamen an die Macht, die »freie« Marktwirtschaft wurde ökonomische Grundlage des Staates. Mit radikalen Reformen und Sparkonzepten wurde dem Land eine Roßkur verschrieben. Bei vielen Polen setzte sich der Eindruck durch, nur eines sei schlimmer als der Sozialismus: der Kapitalismus. Die Abwahl Präsident Wałęnsas ist ein Ausdruck der Enttäuschung über die Errungenschaften der freien Marktwirtschaft.

Ostseeküste von West nach Ost
Stettin und Umgebung

Szczecin (Stettin)

Der Weg zur Ostsee führt über eine weltoffene Stadt mit über 430.000 Einwohnern, geprägt von Handel, Industrie und studentischer Kultur. Das Meer liegt 60 km entfernt, die Inseln Usedom und Wollin schützen das Stettiner Haff vor der Gewalt des Meeres.

Geschichte

Die Stadt blickt auf eine über tausendjährige Geschichte zurück. Aus der slawischen Wehrsiedlung wurde ein Stützpunkt des Piastenfürsten Mieszko I., aufgrund ihrer günstigen Lage war sie als Zentrum des Ostseehandels geradezu prädestiniert. Die Herrscher Westpommerns, die seit dem 12. Jahrhundert in Stettin residierten, bauten die Stadt zu einer Festung aus, vornehmlich Deutsche und Flamen siedelten sich im Schutz der Burg an. Der Beitritt zur Hanse erfolgte 1278, Handel mit Getreide und Fisch führte zu wachsendem Wohlstand. Stettin war Hauptstadt Westpommerns von 1503 bis 1630, blieb dann fast 90 Jahre in schwedischem Besitz. 1720 fielen Stadt und Odermündung an Preußen, in den Jahren 1806–1813 vorübergehend an Frankreich. Im Gefolge der Einigung des Deutschen Reichs 1870 erlebte Stettin einen gewaltigen Aufschwung: die Stadt wurde Hafen und maritimer Vorposten Berlins, es blühten Werften und Industrie. Die Stadt wurde nach Pariser Vorbild erweitert, vom Grunwaldzki-Platz wurden sternförmig neue Avenuen nord- und westwärts angelegt.

Der Zweite Weltkrieg zerstörte den Glanz. Das Flächenbombardement der Alliierten und die Kämpfe um die Befreiung der Stadt verwandelten vor allem die Altstadt samt Hafen in ein Trümmerfeld. Am 5. Juli 1945 wurde Stettin der polnischen Administration übergeben – Polen aus allen Landesteilen, umgesiedelte Ukrainer und Litauer trafen ein, schufen aus Ruinen eine neue Stadt, die binnen weniger Jahre zu einem der wichtigsten polnischen Industrie- und Handelszentren heranwuchs.

Anders als in Danzig oder Warschau wurden in Stettin nicht ganze Stadtviertel, sondern nur ausgewählte historische Gebäude restauriert. Liebhaber der Architektur mögen dies beklagen, andere betonen den Vorzug: Stettin verfügt heute über breite Alleen, ausgedehnte Parks und Grünflächen. Die Stadt atmet freier als viele andere Städte im Norden, verführt den Besucher mit Hafenflair, Kultur und Geselligkeit.

Rundgang

Besonders zur Frühlingszeit, wenn die Alleen entlang der Oder im Glanz blühender Magnolien erstrahlen, lohnt der Besuch. Wer nur kurze Zeit in Stettin bleiben kann, konzentriert sich auf die Promenade am Oderufer. Die von Bürgermeister Hermann Haken geplante Repräsentationsmeile war ein Machtsymbol des in der Gründerzeit reichgewordenen Bürgertums: eine 500 m lange, von mächtigen Gebäuden gesäumte Terrasse, von der eine große Freitreppe zum Fluß hinabführt. Heute ist der Kai, nach seinem Initiator **Hakenterrasse** benannt, der wohl beliebteste Treffpunkt der Stettiner. Der Blick schweift hinüber zur Insel Grodzka, dahinter sieht man den Fluß Duńczyca mit angrenzendem Hafenkai Starówka, weiter östlich liegt - nur bei klarem Wetter erkennbar - der Dąbie-See.

Von hier pilgert man weiter zum **Schloß**, das majestätisch über dem Ufer der Oder thront und im 16. Jahrhundert seine heutige Gestalt erhielt. Hier residierten einst die pommerschen Greifenherzöge; sie entstammen einer slawischen Dynastie, die sich zunehmend germanisierte. Der Schloßkomplex präsentiert sich heute als prachtvolles Kulturzentrum: Er beherbergt Oper und Operette, mehrere Theater, ein romantisches Café und einen Weinkeller; feingemeißelte Zinnsarkophage der pommerschen Herrscher finden sich in den Gewölben. Westlich angrenzend ans Schloß die Rycerska-Gasse mit historischen Bauten, die heute von der Universität genutzt werden. Im Haus Nr. 3, dem ehemaligen herzöglichen Stall, studieren die Germanisten.

Wir biegen vom Schloß in die Korsarzy-Straße ein, erblicken zur Rechten die spätgotische **Peter-und-Paul-Kirche**, wenig später das barock dekorierte **Königstor**(Brama Hołdu Pruskiego). Es wurde 1725 als Triumphbogen erbaut: Fünf Jahre zuvor hatte König Friedrich Wilhelm I. die Stadt gegen Zahlung einer läppisch niedrigen Geldsumme von Schweden abgekauft. Die Korsarzy-Straße mündet in den Platz Żołnierza Polskiego, der sich als zweispurige, einen Grünstreifen einschließende Allee darbietet. Zur Linken liegt das **Nationalmuseum**, das in zwei Gebäuden beiderseits der Staromłyńska-Straße untergebracht ist.

An der großen Kreuzung halten wir uns links: Über die Niedpodłegości-Allee, den ehemaligen Paradeplatz mit preußischen Baudenkmälern (Nr. 20 Hauptpost), erreichen wir das **Hafentor** (Brama Portowa), das einst die Westgrenze der Stadt markierte. Es wurde 1725 von den Bildhauern Damart und Meyer geschaffen und mit barockem Bildwerk verziert. Hier nimmt die verkehrsreiche Wyszyńskiego-Allee ihren Ausgang, die in Richtung Oder zurückführt. Zur Linken die **Jakobskathedrale**, eine der größten Kirchen Pommerns. Wer beim Anblick der imposanten Backsteinfassade ein ebenso überwältigendes Innenleben erwartet, wird enttäuscht. Nur der Hauptaltar mit Teilen eines gotischen Tryptichons und die Figuren des Flügelaltars aus dem 14. Jahr-

Folgende Doppelseite: Blick auf Szczecin

Szczecin
Stettin
0 m 500
N
Urzad Miejski
(Verwaltung)
Zygmunta Felczaka
Pl.
Wincentego
Witosa
Al. Jedności
Kaiser-
Al. Wyzwolenia
Pl.
Odrodzenia
J. Piłsudskiego
Pl. Grunwaldzki
Jana Matejki
Park
S. Żeromskiego
Al. Marjana Buczka
Al. Wojska Polskiego
Narodowej
Wilhelm-Str.
Al. Wyzwolenia
Pl. Lotników
Obronców Stalingradu
Bismarck-Straße
Pl. Żołnierza
Polskiego
św. Piotra
i Pawła
Pl. Zgody
Potulicka
Al. Niepodległości
Stadttheater
Trasa Zamkowa
Schloßmuseum
M
Oper
Pl.
Zwycięstwa
Katedra
św. Jakuba
Farna
Sołtysia
Altes
Rathaus
Pl. Brama
Portowa
Kard. Wyszyńskiego
Wyszyńskiego
Nabrzeże Wieleckie
M. Kopernika
Linsingenstraße
Pl. St.
Batorego
św. Jana
Oder
Johannis-
Kloster
Rathaus
G. Narutowicza
Al. 3 Maja
Energetyków
Hauptpostamt
S. Czarnieckiego
Mühlenbergstraße
Szczecin Główny
Hauptbahnhof
Hala
sportowa
ZSE
Krzysztofa Kolumba
Odra
bulwar Elbląski
Wasserstraße
Maklerska
Eisenbahn-
str.
Leona Heyki
Holzstraße
Parnitz
Parnicka
Potulicka
© Edition Temmen

hundert in der Sakramentskapelle sind sehenswert. Ein Pfeiler nahe der Orgel birgt das Herz des Komponisten Carl Loewe; über vier Jahrzehnte arbeitete er in der Kathedrale als Kantor, vertonte den ›Erlkönig‹ von Goethe. Nahe der Kirche verbrachte die spätere russische Zarin Katharina die Große ihre Kindheit: Sie wohnte im **Palais zum Globus** am Platz Białego Orła.

Vor Erreichen des Oderufers biegen wir in die Mściwoja-Straße ein. Inmitten unscheinbarer Plattenbauarchitektur erhebt sich das gotische **Altstädter Rathaus**, ein zierlicher Backsteinbau mit filigranem Ziergiebel. In dem mit Sterngewölben verzierten Rathauskeller öffnet zur Abendzeit eine Weinstube; einen Besuch lohnt auch das in den Obergeschossen untergebrachte Stadtmuseum. Einige Meter weiter nördlich gelangt man über eine links abzweigende Gasse zum **Loitzenhof**. Die weißgetünchte Renaissancevilla gehörte der reichen Bankiersfamilie Loitz, deren Ruin fast die gesamte Stadt in wirtschaftliches Elend trieb. Am Hotel Arkona führt links die mittelalterlich anmutende Kuśnierska-Gasse zum Schloß hinauf, geradeaus kehren wir zur Hakenterrasse zurück, passieren dabei einen mächtigen Wehrturm aus dem 15. Jahrhundert, die **Bastei der Sieben Mäntel**. Eine Ausflugsreise durch das Stettiner Haff oder nach Swinemünde (Świnoujście) könnte die Stadterkundung beschließen. Die Schiffsreise startet im **Seehafen** (Dworzec Morski) an der Straße Jana z Kolna 7.

Lastadie in Stettin

Die Jakobskathedrale um 1835

Stettin ist eine der wenigen Städte, wo sich der Weg zum Touristenbüro lohnt; das Personal ist freundlich und hilfsbereit, verlangt nicht für jede Dienstleistung einen Obolus. Zug- und Busbahnhof liegen nur 1 km südlich des Stadtzentrums, zum Flughafen in Szczecin-Goleniów gelangt man mit Bus ab LOT-Büro.

☞ **Touristenbüro** (Agencja Promocji Turystyki), ul. Wyszyńskiego 26, Tel. 091-340440, Fax 338420

☞ **PTTK**, ul. Dworcowa 19, Tel. 336267, Fax 334653: Im Büro des Verbandes für Naturschutz und Landeskunde können Tagestouren durch Stettin und Ausflüge in die Umgebung gebucht werden.

☞ **Auskunft Zugbahnhof**, ul. Czarnieckiego 9, Tel. 935
Auskunft Busbahnhof, plac Grodnicki 1, Tel. 936
Auskunft Flugbüro LOT, al. Wyzwolenia 17, Tel. 339926

Unterkunft

Das Angebot ist breit gefächert, reicht von luxuriösen Hotels bis zu einfachen Pensionen.

Hotel Radisson, plac Rodła 10, Tel. 595595, Fax 594594, 369 Zimmer, oberste Preisklasse: zehnstöckiger Luxusbau nahe dem Pazim-Einkaufs- und Businesszentrum, einer Art World Trade Center des Ostens

Hotel Orbis-Arkona, ul. Panieńska 10, Tel. 880261, Fax 880260, 62 Zimmer und Appartements, obere Preisklasse: in bester Lage direkt am Schloß

Hotel Victoria, plac Stefana Batorego 2, Tel. 343855, Fax 337368, 42 Zimmer, obere Preisklasse: in Bahnhofsnähe mit Nachtklub

Hotel Orbis-Neptun, ul. Matejki 18, Tel. 883883, Fax 884117, 288 Zimmer und Appartements, obere Preisklasse: ruhiges, aber unpersönliches 3-Sterne-Haus am Żeromski-Park; mit Casino, Nachtklub, Disco und gutem Restaurant

Gästehaus FRDL, ul. Marii Skłodowskiej-Curie 4, Tel. 70472, Fax 878522, 30 Zimmer, mittlere Preisklasse: ein Non-Profit-Unternehmen der ›Stiftung zur Unterstützung der Demokratie‹, Gewinne werden zur Finanzierung von Jugendprojekten und Workshops eingesetzt; 3 km nordwestlich der Altstadt mit guter altpolnischer Kost

Dom Marynarza, ul. J. Małczewskiego 10-12, Tel. 240001, Fax 128578, 144 Zimmer, mittlere Preisklasse: das ›Haus des Seemanns‹, ein zehnstökkiges Hotel am Żeromski-Park 1,5 km nördlich der Altstadt

Dom Nauczyciela, ul. Sląska 4, Tel. 489481, mittlere Preisklasse: nordöstlich des Stadtzentrums gelegenes, nagelneu renoviertes ›Lehrerinternat‹; Vollverpflegung ist erwünscht, Ausländer zahlen einen Aufschlag

Hotel Orbis-Reda, ul. Cukrowa 2, Tel. 822461, Fax 826323, 149 Zimmer, mittlere Preisklasse: komfortables 3-Sterne-Haus nahe dem Grenzübergang Kołbaskowo (Autobahn Richtung Berlin), etwa 5 km vom Stadtzentrum entfernt

Hotel Jachtowy, ul. Lipowa 5, Tel. 344402, Fax 345518, 22 Zimmer, mittlere Preisklasse: festungsartiger Bau am Oderufer, neben der Yachtanlegestelle

Hotel Pomorski, plac Brama Portowa 4, Tel. 336151, 34 Zimmer, untere Preisklasse: für Rucksacktouristen im Zentrum der Stadt, Mehrzahl der Zimmer ohne eigenes Bad

Hotel Piast, plac Zwycięstwa 3, Tel. 336662, untere Preisklasse

Wojewódzki Dom Sportu, ul. Unisławy 29, Tel. 222856, 17 Zimmer, untere Preisklasse: Sporthotel

Jugendherberge, ul. Monte Cassino 19a, Tel. 224761, untere Preisklasse: in einem zentral gelegenen Schulgebäude, geöffnet nur 1.7.-31.8.

Camping PTTK, ul. Przestrzenna 24, Tel. 613264, Fax 615530, 150 Stellplätze, 26 Miethütten, untere Preisklasse: 5 ha große Anlage auf Wiesengelände, schön gelegen am Ufer des Dąbie-Sees, 6 km östlich vom Stadtzentrum; Bootssteg mit Liegeplätzen, doch keine Bademöglichkeit, nahebei ein Sportflugplatz

Essen und Trinken

Stettin ist auch auf kulinarischem Gebiet die ›westlichste‹ der hier vorgestellten Ostseestädte.

Renaissance, plac Rodła 10, Tel. 595595, obere Preisklasse: italienisches Spezialitätenrestaurant des Hotels Radisson, Innenausstattung sucht dem Namen ›Renaissance‹ gerecht zu werden

Pireus, plac Batorego 2, Tel. 366230, tgl. 13-23 Uhr, obere Preisklasse: internationale Küche im Hotel Victoria

King, ul. Małkowskiego 27, Tel./Fax 344826, obere Preisklasse: Aperitifbar und Restaurant, Treffpunkt der Stettiner Geschäftswelt; internationale Küche

Chief, ul. Rayskiego 16, Tel. 343765, tgl. 11-23 Uhr, mittlere Preisklasse: beste Adresse für Liebhaber von Fischgerichten

Golden Dragon, al. Jana Kazimierza 31, Tel. 240051, mittlere Preisklasse: chinesische Kost, dezenter Service

Hai Phong, al. Wojska Polskiego 39, Tel. 345415, mittlere Preisklasse: vorwiegend vietnamesische Gerichte

Pod Muzami, plac Żołnierza Polskiego 2, Tel. 347209, mittlere Preisklasse: Speiselokal in lockerer Kelleratmosphäre

Admirał, ul. Monte Cassino 37, Tel. 342815, mittlere Preisklasse: an kühlen Abenden wird am offenen Kamin gespeist; internationale Küche, aufmerksamer Service

Balaton, plac Lotników 3, Tel. 346873, untere Preisklasse: ungarische und polnische Küche, abends Tanz

Café Duet, ul. Bogusława 1/2, Tel. 345648, tgl. bis 20 Uhr: Eis, Milkshakes und delikate Süßspeisen

Café ›Jenseits von Afrika‹, (Pożegnanie z Afryka), ul. Bogusława 43, tgl. bis 22 Uhr: nirgendwo wird der Kaffee besser vorbereitet und stilvoller serviert

Café Zamkowa, ul. Rycerska 3, Tel. 338623: zum Abschluß des Schloßbesuchs eine Stärkung im malerischen Innenhof

Kulturangebote

Aktuelle Veranstaltungshinweise findet man in der Zeitschrift Welcome to Szczecin. Sie erscheint monatlich und ist kostenlos erhältlich in vielen Hotels, im städtischen Büro der Fluggesellschaft LOT oder direkt bei der Redaktion (ul. Wyzwolenia 17, Tel. 339926).

Oper (Opera i Operetka), ul. Korsarzy s/n, Tel. 333855: Eingang an der Nordwestseite des Schlosses

Philharmonie (Państwowa Filharmonia), plac Armii Krajowej 1, Tel 221252

Klub 13, plac Żołnierza Polskiego 2, Tel. 347173: im ›Club der 13 Musen‹ finden künstlerische Darbietungen statt

Teatr Krypta, ul. Korsarzy s/n, Tel. 338841: kontroverses Theater im Schloßkeller

Teatr Kana, ul. Piotr i Pawła 5, Tel. 330388: errang den ersten Preis beim Fringe Theatre Festival in Edinburgh, Spielstätte in Schloßnähe

Modernes Theater, Wały Chrobrego 3, Tel. 342375

Pantomimentheater, ul. Korsarzy 2, Tel. 337588

Puppentheater Pleciuga, ul. Kaszubska 9, Tel. 341002

Einkaufszentrum

Nördlich der Altstadt, am Rodła-Platz, wurde 1992 ein Symbol des vermeintlichen Fortschritts eingeweiht: das Pazim-Einkaufszentrum lockt außer mit Banken auch mit vielen Geschäften.

Museen und Galerien

Nationalmuseum (Muzeum Narodowe), ul. Staromłyńska 27, Tel. 335066, Di, Do 10–17, Mi, Fr 9–15.30, Sa–So 10–16 Uhr: Kunst des Spätmittelalters und der frühen Neuzeit sowie regionales Kunsthandwerk

Galerie moderner Kunst (Galeria Sztuki Współczesnej), ul. Staromłyńska 1, Tel. 335114, Di, Do 10–17, Mi, Fr 9–15.30, Sa–So 10–16 Uhr: zeitgenössische polnische Kunst

Schiffahrtsmuseum (Muzeum Morskie), ul. Wały Chrobrego 3, Tel. 336018, Di, Do 10–17, Mi, Fr 9–15.30, Sa–So 10–16 Uhr: mit Abteilungen für Militärgeschichte, Meeres- und Küstenfauna sowie einer reichen ethnologischen Sammlung afrikanischer Kunstobjekte

Stadtmuseum (Muzeum Miasta Szczecina), ul. Rzepichy 1, Tel. 335066, Di, Do 10–17, Mi, Fr 9–15.30, Sa–So 10–16 Uhr: Geschichtsunterricht anhand von Dokumenten und Karten

Schloßmuseum (Zamek Książąt Pomorskich), ul. Korsarzy s/n, tgl. außer Mo 10–16 Uhr, Tel. 338841

Museum der Jakobskathedrale (Muzeum Katedralna), ul. Wyszyńskiego 19, Tel. 339094

Apothekenmuseum (Muzeum Historii Medycyny i Farmacji), ul. Powstańców Wielkopolskich 72, Tel. 822431

Nachtleben

Auf lebhafte Bars und Cafés braucht der Besucher in Stettin nicht zu verzichten, anders als in Danzig gibt es viele Lokale, die auch nach 22 Uhr noch gut besucht sind.

Pub Brama, plac Hołdu Pruskiego, Tel. 335577, tgl. bis 24 Uhr: Kulturklub en miniature, Live-Musik und kleine Speisen

Free Blues Club, ul. Powstańczów Wlkp. 20, Tel. 822001, täglich außer Mo 19–2 Uhr: Blues und Jazz in angenehmem Ambiente

Royal Pub, ul. Mariacka 26, Tel. 339486, tgl. bis 2 Uhr: oft mit Live-Musik und kleinen Show-Einlagen

Tango, plac Batorego 2, Tel. 336230, tgl. 21–5 Uhr: Nachtklub unter deutscher Leitung in den Kellerräumen des Hotels Victoria; Treffpunkt der neureichen Stettiner mit allabendlicher Live-Musik

Babylon, al. Niepodległości 19, Tel. 345536, tgl. 21–5 Uhr: Kellerlokal, in dem man auch gut essen und tanzen kann

Cascade, ul. Sikorskiego 28, Tel. 480674: Nachtklub mit leckeren Speisen; chinesischer Koch ergänzt polnische Gerichte um exotische Tupfer

Casino, Hotel Neptun, ul. Matejki 18, Tel. 226167

Nowe Warpno (Neuwarp)

Der kleine Fischerort thront auf einer Halbinsel zwischen dem Neuwarper See und dem Stettiner Haff, in Sichtweite das deutsche Dorf Altwarp. Sehenswert das Ensemble von Rathaus, Marienkirche und Fachwerkhäusern, abschüssige Gassen führen zum Haff hinab. Zu empfehlen ist ein Abstecher in den südöstlich gelegenen Landschaftspark: dichter, pilzreicher Nadelwald reicht bis Trzebież.

Trzebież (Ziegenort)

Wo die Oder ins Stettiner Haff mündet, befindet sich am Westufer das Schulungszentrum des polnischen Seglerverbands; angeschlossen ist ein komfortabler Yachthafen. Für alle Skipper, die über das Haff ein- bzw. ausreisen, ist Trzebież der Zollhafen. Besonderer Tip für Vogelfreunde: Am Świdwie-See 12 km südlich kann man eine Kormorankolonie entdecken, die von einer ornithologischen Station wissenschaftlich beobachtet wird.

Goleniów (Gollnow)

Die 15.000 Einwohner zählende Stadt ist heute ein Zentrum der holzverarbeitenden Industrie und hat wachsende Bedeutung dank des Stettiner Flughafens, der 6 km nordöstlich entstand. Goleniów liegt inmitten der Puszcza Goleniowska, einem morastigen Waldgebiet, das von Stettin bis Wollin reicht. Man kann es erwandern, im Winter auch mit Pferdeschlitten durchfahren.

Gollnow war einmal eine blühende Hansestadt, lag am Schnittpunkt wichtiger Handelsstraßen. Heute sind einige der im Krieg zerstörten Bauwerke rekonstruiert, doch das Stadtbild wird von wenig attraktiven Neubauten bestimmt. Auf der Suche nach Zeugnissen mittelalterlichen Glanzes entdeckt man die dreischiffige Katharinenkirche, das imposante Wollintor und einen Kornspeicher im Fachwerkstil am Ufer der Ina.

Unterkunft

In Goleniów gibt es nur sehr bescheidene Unterkünfte, doch wer mit dem Auto unterwegs ist, könnte eine Nacht in einem Schloß aus dem 19. Jahrhundert verbringen. Es befindet sich 15 km östlich in Maciejewo, war einmal die Re-

Auf der Ostsee

sidenz des Grafen von Flemming und wurde kürzlich zu einem Hotel umgebaut. Umgeben ist es von einem herrlichen Park mit seltenen Eichen, Rotbuchen und Kastanienbäumen. Gleichfalls empfehlenswert: das in einer umgebauten alten Mühle eingerichtete Motel Stary Młyn 13 km nördlich von Goleniów an der Straße nach Wolin.

Hotel Słowianin, ul. Konstitucji 3 Maja 29, Goleniów, Tel. 04891-182201, 18 Zimmer, untere Preisklasse

Hotel Relax, 72130 Maszewo, Maciejewo, Tel. 0489-181285, 22 Zimmer, obere Preisklasse

Motel Stary Młyn, 72422 Babigoszcz, Tel. 0489-184475, 24 Zimmer, mittlere Preisklasse

Essen und Trinken

Im besten Restaurant der Stadt sind vor allem Geflügelgerichte zu empfehlen; als besondere Spezialität gilt die sogenannte »Silberne Pfanne« (Srebrna patelnia) mit delikater Geflügelleber.

Restaurant Miła, ul. Wojska Polskiego 5, Tel. 182114, mittlere Preisklasse

Kołbacz (Kolbatz)

Das 24 km südöstlich von Stettin gelegene Dorf liegt am Fluß Plonia, wo sich im Jahr 1173 Zisterziensermönche niederließen und ein Kloster gründeten. Teile der spätromanischen Abtei sind noch heute erhalten, ebenso die Marienkirche aus dem 13. Jahrhundert, deren Außenfassade von einer prachtvollen, 5 Meter breiten Rosette geschmückt wird.

Stargard Szczeciński (Stargard)

Alte Reiseführer preisen Stargard als »pommersches Rothenburg«. Heute präsentiert sich die Stadt als Industriemoloch, besonders häßlich wirkt sie, wenn man sich ihr von Nordwesten nähert: graue Wohnblocksiedlungen und Fabrikschlote bestimmen das Bild.

Daß der Vergleich mit Rothenburg einmal berechtigt war, mag ahnen, wer sich zum Marktplatz mit seinen rekonstruierten Bürgerhäusern begibt. Der Renaissancegiebel des Rathauses ist mit reichem Maßwerk geschmückt (um 1570), daneben die arkadengesäumte Alte Wache, die heute ein Regionalmuseum beherbergt. Im Hintergrund ragen die beiden Türme der Marienkirche auf, einer der größten gotischen Sakralbauten Polens (1292). Im Anschluß an das prachtvolle Hauptportal öffnet sich das Mittelschiff, das von einem eleganten Sterngewölbe beherrscht wird. An den Wänden der Marienkapelle sind Fresken mit beschwingt wirkenden Figuren zu bestaunen.

Der alte Stadtkern Stargards wurde einst von einem großartigen Mauerring umschlossen, heute sind nur noch Reste davon erhalten, ein längerer Abschnitt im Norden, dazu vier Basteien und drei Tore. In ihrem Umkreis gibt es leider zu wenig Grünanlagen, einzig der Chrobrego-Park im Westen erlaubt Besinnung. – Nach dieser Konfrontation mit städtebaulicher Tristesse sehnt sich der Urlauber nach unzerstörter Natur. Eine Fahrt mit der Schmalspurbahn führt ihn ostwärts nach Ińsko, eine kleine Stadt mit Freizeit- und Campingeinrichtungen inmitten eines wunderbaren Naturschutzparks. Auf den durch Flüsse verbundenen Seen läßt es sich vortrefflich paddeln, der Blick wird gefangen von romantischer, zuweilen steiler Hügellandschaft.

Zug- und Busbahnhof liegen 1 km westlich der Altstadt. Das Orbis-Büro auf dem Marktplatz dient vorläufig als einzige Informationsquelle für Touristen.

☞ **Orbis-Büro**, Rynek Staromiejski 5, Tel. 092-772645

Unterkunft

Błękitni bietet gewissen Komfort, liegt aber außerhalb der Stadt an der Straße nach Stettin.

Hotel Błękitni, ul. Pierwszej Brygady 1, Tel. 772018, 38 Betten, mittlere Preisklasse

Essen und Trinken

Bestenfalls zu empfehlen: das Lokal **Basztowa** in der ul. Chrobrego 7a nördlich des Rynek.

Rechte Seite: Rathaus und Heimatmuseum in Stargard Szczecinski

Wolin / Wollin
0 km 5
N
Travemünde / Kopenhagen
Ystadt
Ostsee
Seebad Heringsdorf
Seebad Ahlbeck
Wolgast
Świnoujście Swinemünde
Miedzyzdroje Misdroy
Kawcza Kaffeberg
(Chorzelin Osternoth-Hafen)
Badestrand
nur für Fußgänger
Usedom
Odra Warszow Ostswine
(Lubiewo Neukrug)
Leśnogóra Brandberg
3
E 65
Klicz/Klüss
Garz
Golm
Wydrzany Friedrichs-thal
Jez. Wicko Wielkie Groß-Vietziger See
Wollin Nationalp
Przytór Pritter
Ognica Werden
Kamminke
Swina
Alte Swine
Karsibór Caseburg
Kan. Piastowski Kaiserfahrt
Maly Zalew Kleines Haff
Wielki Zalew Großes Haff
Repziner Haken
Zalew Szczeciński Stettiner Haff
Deutschland
Altwarp
Jez. Nowowarpienskie Neuwarper See
Nowe Warpno Neuwarp
114
Ueckermünde

Dziwnów
Berg Dievenow
Dziwnwek
Walddievenow
(Kl. Dievenów)
Międzywodzie
Heidebrink
Badestrand
Świetouść
Swantuß
Straznica
Kiekberg
Jez. Koprowo
Coperow-See
Zalew Kamieński
Camminer Bodden
Kołobrzeg / Kolberg
102
Zastań
Zünz
Chynowo
Chinnow
Kamień Pomorski
Cammin
Wiselka
Neuendorf
Kolczewo
Kolzow
Wysoczyzna
Marienhöhe
Sieroslaw
Zirzlaff
Warnowo
Warnow
Kodrab
Kodram
Łuskowo
Lüskow
Kodrabek
Neu Kodram
Ładzin
Rehberg
Polen
107
3
Dargobadz
Dargebanz
Plocin
Plötzin
Dziwna / Diewenow
Rzeczyn
Reetzenhagen
Parlówko
Parlowkrug
Wolin
Wollin
108
Wiejkowo
Gr. Weckow
E 65
Rzystnowo
Rißnow
Przybiernow
Pribbernow
Miodowice
Medewitz
Racimierz
Hermannsthal
Czarnocin
Zartenthin
Szczecin / Stettin

Von Swinemünde bis Deep

Świnoujście (Swinemünde)

Nur 4 Kilometer vom deutschen Ahlbeck entfernt liegt Świnoujście, eine zweigeteilte, durch den Fluß Swine zerschnittene Stadt. Ihre Osthälfte gehört zur Insel Wollin, wo sich Bahnhof, Fähr- und Fischereihafen befinden. Besucher können per Schiff auf die Insel Usedom übersetzen. Hier, im westlichen Teil der Stadt, breiten sich Wohn- und Geschäftsviertel aus. Weiter nördlich, durch den mit Buchen und Eichen bewachsenen Plantagepark abgetrennt, gelangt man zum Kurortbereich, der dem offenen Meer zugewandt ist und durch einen Dünenwall vor der Seebrandung geschützt ist. Der Strand ist feinsandig und mehrere Kilometer lang, die Flanierpromenade wurde in alter Pracht rekonstruiert. Im Kurbereich findet man viele Jugendstilhäuser und Sommervillen, einige von ihnen werden als Pensionen und Gästehäuser genutzt. Leider ist das Baden nahe der Odermündung kein reines Vergnügen, zu viele Abwässer werden von den Stettiner Fabriken in den Fluß geleitet.

Bildungsbeflissene Urlauber finden in Świnoujście nur wenig, das sie zu längerem Bleiben verleitet. Interes-

Der Hafen von Swinemünde in den 30er Jahren (unten) und heute (rechte Seite)

Markt an der deutsch-polnischen Grenze

se erweckt bestenfalls das Meeresmuseum nahe der backsteingotischen König-Christi-Kirche. Darin werden exotische Fische ausgestellt, Geräte für den Fischfang und Navigationsinstrumente. Eine weitere touristische Attraktion ist der 1857 erbaute Leuchtturm an der Swinemündung. Mit einer Höhe von 68 Metern bleibt er entlang der gesamten polnischen Küste unübertroffen.

☞ **Touristenbüro**, ul. Gierczak 2, Tel. 0936-4411, 2284: hier auch Vermittlung von Privatzimmern
☞ **Seebahnhof** (Dworzec Morski), ul. Dworcowa 1, Tel. 5174: Fähren nach Bornholm, Kopenhagen, Malmö und Ystad, Hydrofoil nach Stettin
☞ **Auskunft Zugbahnhof**, ul. Dworcowa, Tel. 5267
☞ **Auskunft Busbahnhof**, ul. Dworcowa, Tel. 5329

Unterkunft

Alle hier ausgewählten Hotels und Pensionen liegen im Kur- und Strandbereich der Stadt. Ein besonders freundliches Ambiente charakterisiert die Pension Atol (mit angeschlossenem Restaurant), schön restauriert wurde das Gästehaus Ewunia unweit des Hotels Albatros.

Hotel Bałtyk, ul. Armii Krajowej 5, Tel. 2394, 34 Zimmer, mittlere Preisklasse
Hotel Polaris, ul. Słowackiego 33, Tel. 2437, Fax 5412, 22 Zimmer und 4 Appartements, mittlere Preisklasse
Hotel Wisus, ul. Żeromskiego 17, Tel. 5850, untere Preisklasse
Hotel Albatros, ul. Kasprowicza 2, Tel. 2335, 26 Zimmer, untere Preisklasse
Gästehaus Korab, ul. Żeromskiego 3, Tel. 5431, Fax 4294, 60 Zimmer, untere Preisklasse
Gästehaus Energetyk, ul. Żeromskiego 4, Tel. 2483, Fax 5767, 56 Zimmer, untere Preisklasse
Gästehaus Ewunia, ul. Kasprowicza 11, Tel./Fax 2249, 20 Zimmer, untere Preisklasse
Pension Atol, ul. Orkana 3, Tel. 3010, untere Preisklasse
Camping Nr. 44 ›Relax‹, ul. Słowakkiego 5, Tel. 3912, 1.200 Stellplätze, untere Preisklasse: zentral und in Strandnähe, doch leider wenig Schatten
Usedom Camping, Karsibór, 100 Stellplätze: neuer, unter deutscher Leitung stehender Platz als Teil einer großen Freizeitanlage (Information in Deutschland Tel. 02571-4116)

Essen und Trinken

Restaurant Wisus (im gleichnamigen Hotel), ul. Żeromskiego 17, Tel. 5850, untere Preisklasse
Restaurant Atol (in der gleichnamigen Pension), ul. Orkana 3, Tel. 3010, untere Preisklasse
Café Elen (im gleichnamigen Hotel), ul. Paderewskiego 1, Tel. 3633
Café Galeria, pl. Słowiański 15

Museum

Fischereimuseum (Muzeum Rybołówstwa), Plac Rybaka 1, Tel. 2426, Di-Fr 9-17, Sa, So 11-17 Uhr

Fischereimuseum in Swinoujscie

Międzyzdroje (Misdroy)

Międzyzdroje auf der Insel Wollin erfreut sich des Rufs, wärmster aller Seeorte am Baltischen Meer zu sein. Er liegt an einem kilometerlangen weißen Sandstrand, am Fuße hoch aufragender, bewaldeter Klippen. Von der 3,5 km langen Promenade führt eine kürzlich restaurierte Mole 360 m aufs Meer hinaus: Der Blick reicht von der Swinemünder Bucht im Westen bis hinüber zu den Kliffhängen des Nationalparks im Osten.

Bereits um 1860 kursierte der Ort als Geheimtip unter reichen Berlinern und Stettinern, die entlang der Promenade prächtige Villen schufen. Bis zur Jahrhundertwende entwickelte sich Misdroy zu Deutschlands vornehmstem Ostseebad, Industriebarone und Aristokraten gaben sich hier ein Stelldichein. Seit 1945 ist die Stadt polnisch, Gewerkschaften übernahmen Kurhäuser und Villen der Gründerzeit. Die meisten von diesen wurden in den vergangenen Jahren renoviert, wieder durchweht ein Hauch von Eleganz die Stadt, vor allem spürbar während der Vor- und Nachsaison. Ende Juni ändert sich das Leben für die 5.000 Einwohner - Ruhe und Beschaulichkeit gehen für die Dauer von zwei Monaten verloren, zugleich steigen die Verdienstmöglichkeiten: Bis zu 25.000 Urlaubsgäste füllen dann die Hotels und Ferienheime zwischen Strand und Ortszentrum, viele Bewohner bieten Zimmer als zusätzliches Quartier an.

Meist in der ersten Julihälfte findet das Internationale Festival für Chormusik statt, unbestritten das wichtigste kulturelle Ereignis des gesamten Jahres. Ein Palais auf einer Anhöhe im Südteil der Stadt beherbergt das Naturkundemuseum, in dem Geologie, Flora und Fauna der Insel Wollin illustriert werden. Im Museumsgarten ist der ›König der Greifvögel‹, der vom Aussterben bedrohte Seeadler zu bestaunen. Ein Wisentreservat befindet sich 2 km östlich, ab Museum erreichbar über den gelb markierten Wanderweg in den Nationalpark (Woliński Park Narodowy).

Alle Züge von Stettin nach Świnoujście halten in Międzyzdroje. Vom Zugbahnhof am Südostrand der Stadt erreicht man über die Kolejowa-Straße in 15 Minuten den Strand. Die Abfahrtsstelle für wichtige Buslinien, z.B. nach Kamień Pomorski und Wolin, befindet sich in der Niepodległości-Straße, nahebei auch das hier aufgeführte Informationsbüro.

☞ **PTTK-Büro**, ul. Kolejowa 2, Tel. 0936-80382

Unterkunft

Luxuriös wohnt man im Hotel Amber Baltic: mit Tennisplätzen, Hallenbad und Sauna, Nachtklub, Casino und Disco. Es gibt einen Miniklub für Kinder von 3 bis 12 Jahren, Fahrräder können ausgeliehen werden. Das Hotel bietet einen Shuttle-Service zur 12 km entfernten 18-Loch-Golfanlage. Wer nicht so viel Geld für eine Übernachtung ausgeben will, wird entlang der Meerespromenade rasch fündig - auch klotzartige Bauten wie die Hotels Slavia und Merlin bieten Zimmer mit großartigem Meerblick.

Hotel Amber Baltic, ul. Bohaterów Warszawy 26a, Tel. 80800, Fax 81022, 206 Zimmer, 14 Suiten und Appartements, obere Preisklasse

Das sagenhafte Vineta

In alten Zeiten gab es auf der Insel Wolin eine geheimnisvolle Stadt: Vineta. Diese Stadt ist größer gewesen, als irgendeine andere Stadt in Europa, selbst als das große Konstantinopel. In Vineta lebten allerlei Völker, Griechen, Slawen, Wenden, Sachsen und viele andere Stämme.

Die Einwohner trieben einen überaus regen Handel; ihre Läden waren gefüllt mit seltensten und kostbaren Waren, und es kamen jahraus jahrein Schiffe und Kaufleute aus allen Winkeln der Welt. Und sie handelten mit Gewürzen und Erzen, Hölzern und Stoffen, Münzen und Werkzeugen. Die Bewohner Vinetas wurden so reich, daß die Stadttore aus Erz, die Glocken aus purem Silber gemacht waren. Silber war in Vineta so gewöhnlich, daß selbst die Kinder mit Silbermünzen in den Straßen spielten.

Doch der Reichtum brachte den Bewohnern Unglück. Jedes der Völker in der Stadt wollte den Vorzug vor den anderen haben, es entbrannte ein grausamer Streit. Die einen riefen die Dänen, andere die Schweden zu Hilfe. Diese ließen sich sich nicht zweimal bitten, und zogen plündernd und brandschatzend in die Stadt, schleppten die Reichtümer, Gold, Silber, Erze, Marmor auf ihre Schiffe und zerstörten die stolze Stadt bis auf die Grundmauern.

Andere sagen, die Stadt sei nicht von Feinden zerstört und erobert worden, sondern auf andere Weise zugrunde gegangen. Die Einwohner seien, nachdem sie so überaus reich geworden waren, verschwenderisch und lasterhaft geworden. Das erregte den Zorn Gottes, der die Stadt von einer wütenden Flut verschlingen ließ.

In der versunkenen Stadt ist immer noch ein wundersames Leben. Wenn das Wasser ganz still ist, so sieht man oft unten im Grunde des Meeres in den Trümmern ganz wunderbare Bilder. Große, seltsame Gestalten wandeln dann in den Straßen auf und ab, in langen faltigen Kleidern. Oft sitzen sie auch in goldenen Wagen oder auf großen schwarzen Pferden. Manchmal gehen sie fröhlich und geschäftig einher; manchmal bewegen sie sich in langen Trauerzügen, und man sieht dann, wie sie einen Sarg zu Grabe geleiten.

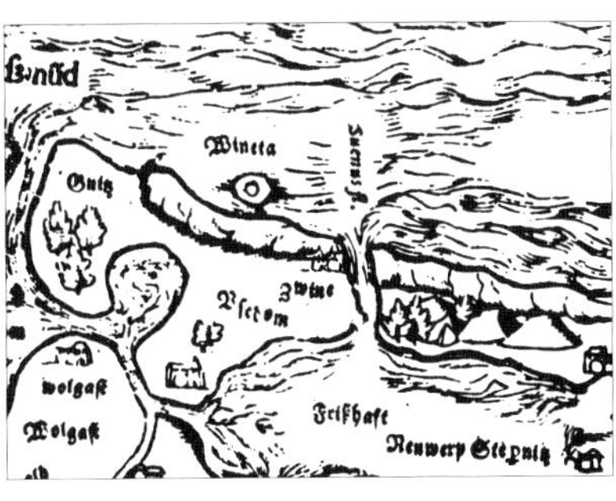

Gästehaus Latarnia Morska, ul. Bohaterów Warszawy 18, Tel. 80481, 18 Zimmer, untere Preisklasse
Gästehaus Poseidon, ul. Bohaterów Warszawy 23, Tel. 80567, untere Preisklasse
Hotel Nautilus, ul. Bohaterów Warszawy 27, Tel. 80999, mittlere Preisklasse
Motel Laguna, ul. Bohaterów Warszawy 36, Tel. 80530, mittlere Preisklasse, mit abendlicher Disco
Hotel Merlin, ul. Bohaterów Warszawy 37, Tel. 80728, untere Preisklasse
Hotel Slavia, ul. Bohaterów Warszawy 38, Tel./Fax 80106, 68 Zimmer, mittlere Preisklasse
Hotel Rybak, ul. Turystyczna 1, Tel. 81121, 43 Zimmer, untere Preisklasse
Gästehaus Rybitwa, ul. Fornalskiej 3, Tel. 80772, 16 Zimmer, untere Preisklasse
Hotel Bursztynek, ul. Niepodległości 4, Tel. 80649, untere Preisklasse
Jugendherberge, ul. Kolejowa 37, Tel. 80344, 110 Betten, nur 1.7.-31.8. geöffnet, unterer Standard
Camping Nr. 24, ul. Polna 10, Tel. 80275, Fax 425636, 300 Stellplätze, auch einfache Holzbungalows: 3 ha großes Wiesengelände, sanitäre Verhältnisse leider nur bescheiden; der Strand liegt 600 m entfernt

Essen und Trinken

Im Restaurant Chopin (Hotel Amber Baltic, ul. Bohaterów Warszawy 26a, obere Preisklasse) läßt es sich fürstlich speisen, im zugehörigen Café Wiedeńska gibt es vorzüglichen Kuchen. Preiswerter ist das Restaurant im Hotel Merlin (ul. Bohaterów Warszawy 37, mittlere Preisklasse), am schönsten das an der Mole westlich vom Amber Baltic gelegene Restaurant Aurora (ul. Bohaterów Warszawy 19, mittlere Preisklasse).

Museum

Naturkundemuseum (Muzeum Wolińskiego Parku Narodowego), ul. Niepodległości 3, Tel. 80737, tgl. außer Mo 9-16 Uhr; das Wisentreservat öffnet und schließt jeweils eine Stunde später.

Woliński Park Narodowy (Wollin-Nationalpark)

Im Zentrum der Insel Wollin wurde ein Nationalpark geschaffen, der sich vom steilen Ostseeufer bis zum Stettiner Haff erstreckt: eine hügelige Moränenlandschaft mit geheimnisumwitterten Gletscherseen und dichtem, wildreichem Mischwald. Wer die Region erwandern möchte, startet am besten am Naturkundemuseum von Międzyzdroje, wo rot, grün und blau markierte Wanderwege ihren Ausgang nehmen.

Der *rot* markierte Weg führt in nordöstlicher Richtung nach **Kołczewo**. Hier erlebt man Strand und Steilklippen, kommt am Gardno-See vorbei, erfreut sich an malerischer Hügellandschaft. Das Dorf Kołczewo, bekannt durch die hier entstandene erste Golfanlage Polens, liegt am Ostrand des Nationalparks, von hier kann man per Bus die 14 km lange Strecke nach Międzyzdroje zurückfahren.

Der *grüne* Wanderweg hält sich weiter südlich und führt durch das Zentrum des Parks gleichfalls nach Kołczewo. 2 km östlich von Międzyzdroje kann man ein **Wisentreservat** besuchen, wo auch Hirsche, Rehe und Wildschweine bewundert werden können (tgl. außer Mo 10-18 Uhr). Der *blaue* Weg führt in südwärtiger Richtung zum **Jezioro Turkusowe**, einem See mit türkisgrünem Wasser, von dort weiter nach Wolin.

Die Odermündung - ein bedrohtes Paradies

In uralten Vorzeiten versuchte eine Schlange namens Oder die Ostsee auszutrinken. Um dies zu verhindern, schleuderte Wotan zwei mächtige Brocken auf das Maul der Schlange. Aus diesen Brocken entstanden später die Inseln Usedom und Wolin, der Schlangenkopf wurde zur Odermündung.

So entstand der Sage nach eine der schönsten und wertvollsten Landschaften Europas: die Region Odermündung

Das 4000 Quadratkilometer große Gebiet erstreckt sich vom Greifswalder Bodden über einen Teil des Peenetals bis nach Anklam, im Süden schließt sich die Binnenlandküste des Oderhaffs mit der Ueckermünder Heide, auf polnischer Seite die Puszcza Wkrzańska bis nach Police an, wo die Oder in das Haff fließt. Der Jezioro Dąbie (Dammer See) östlich von Szczecin bildet mit der Sumpf- und Moorlandschaft an der Haffküste und am östlichen Ufer des Odermündungsarmes Dziwna entlang bis nach Kamień Pomorski und weiter zum Zalew Kamieński (Camminer Bodden), wo wieder die Oderbucht erreicht ist, die Begrenzung im Osten.

Dieses Gebiet mit Oder-Haff, Oderbucht und den beiden Inseln Usedom und Wolin beherbergt eine Vielzahl seltener Tier- und Pflanzenarten und viele einzigartige Landschaften. Das Peenetalmoor beispielsweise ist das größte noch erhaltene Flußtalmoor Europas. Nur wenige Zentimeter über dem Meeresspiegel gelegen, fasziniert es mit seinen seltenen Pflanzen und Tieren - sogar der Biber ist hier wieder heimisch geworden. Der Anklamer Stadtbruch ist mit 1200 ha das größte Hochmoor im Mündungsgebiet der Oder und wegen seiner Schmetterlingsfauna eines der wertvollsten Schutzgebiete im nördlichen Mitteleuropa. Und das Reservat des Świdwie-Sees ist nicht nur Heimat von 141 Vogelarten, sondern auch ein wichtiger Rastplatz für Zugvögel.

Schon heute existieren zahlreiche Naturschutzgebiete auf bundesdeutscher Seite, und der polnische Ministerrat hat unterdessen den zentralen Teil der Insel Wolin zum Nationalpark erklärt. Seit 1976 wurden hier mit Erfolg Wisente - zuerst in geschützten Großgehegen - ausgesetzt. Man hofft, daß diese Tiere, die einst in großer Zahl die polnischen Wälder durchstreiften, wieder heimisch werden und in der freien Natur überleben können.

Doch dazu ist mehr erforderlich, als die Einrichtung eines Nationalparks. Immer wieder wurde von Naturschützern deshalb in den letzten Jahren gefordert, die Region insgesamt zu schützen.

Das gesamte Mündungsgebiet der Oder wurde deshalb 1993/94 von der Naturfreunde Internationale zur Landschaft des Jahres proklamiert. Diese Proklamation soll ein wichtiger Impuls werden, um das Gebiet zu einem deutsch-polnischen Biosphärenreservat auszubauen. Für die Entwicklung der Region hätte das weitreichende Folgen: Statt auf Industrialisierung würde man auf eine nachhaltende Entwicklung setzen, umweltverträglicher und sozialverantwortlicher Tourismus sollte gefördert werden. Die Befürworter einer solchen nachhaltenden Entwicklung sehen darin auch eine großartige ökonomische Perspektive für die Region, denn der eigentliche Reichtum sind die einzigartigen Landschaften im Mündungsgebiet der Oder.

Bis dahin sind aber noch eine Menge sozialer und ökologischer Probleme zu lösen. Die Oder selbst ist immer noch durch die Abwässer der Anrainerkommunen gefährdet, auch wenn im Mündungsgebiet schon erhebliche Anstrengungen unternommen wurden. Für Świnoujście einigten sich jetzt deutsche und polnische Stellen auf ein 42 Millionen Mark teures Klärwerk, das auch von einigen Usedomer Kommunen mitbenutzt werden wird. Mit Hilfe von EU-Mitteln werden unterdessen Konzepte für einen umweltverträglichen Tourismus entwickelt, beispielsweise entstand 1994/95 ein 300 Kilometer langer Radwanderweg rund um das Oderhaff.

☞ Informationen:
Stiftung Odermündung - Regionalverband für dauerhafte Entwicklung e.V., Demminer Str. 6, 17389 Anklam, Tel.: 03971/213360,
Fax: 03971/213361
MTM, ul. Czorsztynska 14, PL 71-163 Szczecin, Tel.: 0048/91-72389,
Fax: 0048/91-524379

Krajobraz roku
Landschaft des Jahres
europe
UJŚCIE ODRY-ODERMÜNDUNG

Wolin (Wollin)

Wolin 1618

Wolin liegt am Südostzipfel der gleichnamigen Insel und ist durch weite Moore von den Ostseebädern getrennt. Man mag sich kaum vorstellen, daß dieses heute eher bescheiden anmutende Dorf um 1000 n.Chr. als ›Byzanz des Nordens‹ gerühmt wurde. Die frühslawische Niederlassung unterhielt Handelskontakte von Bremen bis Bagdad, bevor sie im 12. Jahrhundert von der geschichtlichen Bühne abtrat. Wolin, so darf aufgrund archäologischer Funde geschlossen werden, war identisch mit der legendären Stadt Vineta, die in der ›Chronik der Slawen‹ (1170) erwähnt wird und durch viele pommersche Sagen geistert. Weil sich die Bewohner der Stadt weigerten, brave Christen zu werden, sei, so erzählt man, die reiche Kaufmannsstadt von einer riesigen Flutwelle erfaßt und zerstört worden. Seitdem ruhe sie auf tiefstem Meeresgrund, nur Sonntagskindern würde sie im Traum erscheinen.

Wer Lust auf Phantastik verspürt, begibt sich zum Ufer der Dzwina, nahe den zweitürmigen Kornspeichern, wo Holzskulpturen von der sagenumwobenen Vergangenheit Wolins inspiriert scheinen: grobgeschnitzte Krieger- und Götterfiguren mit archaischer Mimik und Gestik.

Rekonstruktion des frühslawischen Wolin (Vineta)

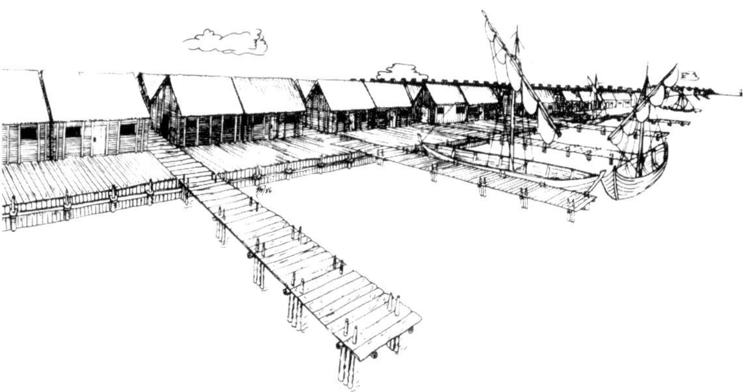

Unterkunft

Jomsborg ist in skandinavischen Sagen der Name für Vineta, gewiß auch aus diesem Grund kommen viele Gäste aus Dänemark und Schweden in das gleichnamige Hotel. Schöner und komfortabler sind die Zimmer im Hotel Piaski, einem einstigen Jagdpalais 6 km östlich von Wolin am Piaski-See; dort auch Ausleihe von Kajaks und Segelbooten.

Hotel Jomsborg/Vineta, ul. Zamkowa 10, Tel. 0936-61884, mittlere Preisklasse

Hotel Piaski, Piaski Wielkie, 72412 Troszyn, Tel.-Fax 60123, 65 Zimmer, mittlere Preisklasse

Jugendherberge, ul. Mickiewicza 14, Tel. 61637, 50 Betten, 1.7.-31.8. geöffnet: 600 m vom Bahnhof entfernt, unterer Standard

Essen und Trinken

Restaurant Jomsborg, ul. Zamkowa 10, Tel. 61884, mittlere Preisklasse

Restaurant Światowid, ul. Światowida, Tel. 61782, untere Preisklasse

Museum

Im Regionalmuseum von Wolin kann eine Ausstellung archäologischer Exponate besichtigt werden, darunter die Holzskulptur des slawischen Gottes Światowid.

Regionalmuseum (Muzeum Regionalne), ul. Zamkowa 24, Tel. 61763, tgl. außer Mo 10-16 Uhr

Kamień Pomorski (Cammin)

Die alte Bischofsstadt zählt etwa 10.000 Einwohner, stolz thront sie auf einem Hügel am Camminer Haff. Von verflossenem Reichtum zeugt die mächtige Johanneskathedrale, einer der bedeutendsten Sakralbauten Polens. Sie wurde 1176 im romanischen Stil errichtet, im 15. Jahrhundert gotisch umgestaltet. Zu den ältesten Kostbarkeiten der Kirche zählen Heiligenfiguren im südlichen Querschiff und der spätgotische Hochaltar mit herrlichem Triptychon. Die meisten Besucher jedoch kommen in die Kirche, um die reich verzierte Barockorgel zu sehen. Sie ist 13 m breit und 9 m hoch, entfaltet ihre Klangfülle vor allem während des sommerlichen Festivals für Orgel- und Kammermusik (freitags 19 Uhr).

Schräg gegenüber der Kathedrale befindet sich der gotische Bischofspalast mit Kapitelhäusern. Über die Gryfitów-Straße gelangt man zum Marktplatz, der von einem machtvollen, spätgotischen Rathaus beherrscht wird. In einem Fachwerkhaus aus dem 18. Jahrhundert ist das Café-Restaurant Pod Muzami untergebracht, gleich daneben ein empfehlenswertes Hotel. Der Stadtbesuch endet mit der Besteigung des Turms am Wolliner Tor. Dies ist die besterhaltene Bastion der ehemaligen Befestigungsmauern; von der Turmspitze eröffnet sich ein weiter Blick über die ehemalige Hansestadt.

Rathaus in Kamień Pomorski

Seit es in Kamień Pomorski kein Tourismusbüro mehr gibt, bleiben Besucher auf Informations- und Verkaufsstellen angewiesen, die im Juli und August auf dem Plac Katedralny eingerichtet werden. Züge verbinden die Stadt mit Szczecin, Busse auch mit Świnoujście, Wolin und Kołobrzeg.
Auskunft Zugbahnhof, ul. Dworcowa, Tel. 0928-20193
Auskunft Busbahnhof, ul. Dworcowa, Tel. 0928-20552

Unterkunft

Wenig bekannt ist bisher, daß sich Kamień Pomorski auch als Kurort einen Namen gemacht hat. Im Institut Santa Monica wurde eine Filiale des gleichnamigen bekannten mexikanischen Zentrums für Alternativmedizin eingerichtet. Wer sich hier einquartieren möchte, wendet sich an die erstgenannte Adresse:
Institut Santa Monica, ul. Bankowa 2, Tel. 21128, 60 Betten, obere Preisklas-

se: Wahl zwischen vegetarischer und klassischer Kost
Hotel Nad Zalewem, ul. Zaułek Rybakki 1, Tel. 20817, untere Preisklasse
Hotel Żeglarski, ul. Wilków Morskich 4, Tel. 20368, untere Preisklasse
Camping Źołcin, Nad Zalewem Kamieńskim, 344 Stellplätze, 12 Campinghäuser, Tel. 20750, untere Preisklasse: in Strandnähe
Jugendherberge, ul. Konopnickiej 19, Tel. 20784, 90 Betten, nur geöffnet 1.7.-31.8., unterster Standard

Essen und Trinken

Café-Restaurant Pod Muzami, ul. Gryfitów 1, Tel. 20817
Café Ratuszowa, Stary Rynek, Tel. 21131

Gryfice (Greifenberg)

Die einst berühmte Handelsstadt verdankt ihren Namen dem pommerschen Herrschergeschlecht der Greifen. Von früherem Glanz künden Reste der alten Befestigungsanlage am Ufer der Rega. Steintor, Hohes Tor und Pulverbastei schützten die Stadt vor feindlichen Angriffen. Im Zentrum der Altstadt erhielt sich die gotische Marienkirche mit barocker Innenausstattung. Den Turm schmücken neun Maskarone, Karikaturen ehemaliger Stadtbewohner.
Auf einer Schmalspurbahn gelangen Besucher in gemächlichem Tempo über Trzebiatów zu den Küstenorten Niechorze und Rewal. Empfehlenswert ist für technikbegeisterte Kinder das Zugmuseum am Bahnhof mit seinen alten Dampfloks und Wagen (Skansen Kolejki Wąskotorowej).

Międzywodzie (Heidebrink)

Das alte Seebad liegt malerisch auf einer Landbrücke zwischen dem Camminer Haff und dem Baltischen Meer, ist von Dünen und Kiefernwäldern umgeben. Der feinsandige und breite Strand lädt zum Schwimmen und Sonnenbaden ein. Ausgedehnte Wanderungen führen in den südwestlich angrenzenden Woliński-Nationalpark.

Dziwnów (Bad Dievenow)

Alte Fischersiedlung auf einer 400 m breiten Nehrung zwischen Ostsee und Bodden. Heute ist Dziwnów eines der größten Ostseebäder mit kilometerlangem Strand. Entlang des breiten Dünenstreifens verläuft die Flaniermeile, die Mündung der Dziwna wird durch einen Wellenbrecher geschützt. Ausflugsschiffe fahren entlang der Küste bis Świnoujście, schippern über das Haff nach Kamień Pomorski und Wolin. Der Fluß neigt zur Versandung, der Schiffsverkehr kann deshalb im Haff nur mit Mühe aufrechterhalten werden.

Unterkunft

Hotel Orion, ul. Wilków Morskich 3, Tel. 0928-20814, untere Preisklasse
Camping Nr. 93, ul. Słowackiego 1, 200 Stellplätze: knapp 3 ha großes Wiesengelände, nur teilweise schattig; liegt an der verkehrsreichen Straße von Świnoujście nach Kołobrzeg, die sanitären Verhältnisse sind bescheiden

Lubin auf Wolin, Blick nach Osten

Camping Nr. 194, ul. Wolności 1, Dziwnówek, Tel. 13493, 120 Stellplätze, 8 Miethütten: empfehlenswerte, 2 ha große, schattenreiche Anlage zwischen Düne und Straße; am westlichen Ortsrand von Dziwnówek, 4 km östlich Dziwnów

Essen und Trinken

Bars, Cafés und Restaurants findet man vor allem entlang der Mickiewicz-Straße, z.B. das Restaurant Żeglarska und das Café Konź-Tiki.

Łukęcin

10 km östlich von Dziwnów inmitten von Kiefernwäldern gelegener Ort mit wunderbarem Sandstrand. Polnische Pfadfinder erkoren ihn zu einem ihrer Lieblingstreffs. Die Reitschule und eine kleine Golfanlage werden vor allem von den Gästen des Hotels Nordic Star genutzt.

Unterkunft

Golf & Relax Nordic Star, Radawka 7, Tel. 12621, obere Preisklasse

Pobierowo (Poberow)

Strandbad mit breitem, sauberem Sandstrand und angrenzendem Kiefernwald. Pobierowo ist einer der schönsten Badeorte an der Ostsee, beliebt vor allem bei Familien.

Unterkunft

Gästehaus U Wójta, ul. Moniuszki 15, Tel. 0931-62145, untere Preisklasse
Jugendherberge, ul. Mickiewicza 19, Tel. 62107, 70 Betten, nur geöffnet 1.7.-31.8., mittlerer Standard

Trzęsacz (Hoff)

Inmitten eines romantischen Parks aus dem 19. Jahrhundert mit Ahornbäumen, Eschen und Linden befindet sich ein Palais mit Unterkunftsmöglichkeiten. Ans Hotel Pałac ist eine Reitschule angeschlossen, die auch Ausritte und Kutschfahrten organisiert.
Berühmtheit erlangte die Kirchenruine des Ortes, die auf makabre Weise eine Vorstellung von der Gewalt des Meeres vermittelt. Einst stand sie 2 km vom Ufer entfernt, thronte auf einem hohen Kliff. Im Laufe der letzten Jahrhunderte wurden die umliegenden Häuser und Höfe von den Fluten verschlungen, auch der Friedhof wurde unterspült und sackte ins Meer. Mit jedem Jahr verleibt sich das Meer ein weiteres Stück der Küste ein, die Ruine harrt ihres Untergangs.

Unterkunft

Hotel Pałac, Trzęsacz, Tel. 62693, mittlere Preisklasse

Rewal

Das Fischerdorf und Seebad ist von Dünen gesäumt, liegt am Fuß einer hohen Steilküste. Die Strände sind sauber und breit, von den Klippen genießt man einen herrlichen Ausblick auf das Meer.

Unterkunft

Fahrradverleih und Reitmöglichkeit bietet das Gästehaus Lux im Ortsteil Nowy Śliwin, komfortabler präsentiert sich das Ferienhaus Longino. Die Entfernung zum Strand beträgt von allen hier aufgeführten Häusern ca. 200 Meter.

Gästehaus Lux, Śliwin Bałtycki, Tel. 0931-62530, 35 Betten, untere Preisklasse

Gästehaus Longino, ul. Szkolna 10, Tel. 62517, 8 Zimmer und Appartements, untere Preisklasse

Gästehaus Rancho, ul. Szkolna 16, Tel. 62613, untere Preisklasse

Niechorze (Horst)

Badeort an rauher Steilküste mit vorgelagertem Strand. Fischerkaten aus dem 18. Jahrhundert und ein alter Leuchtturm verleihen ihm romantisches Flair. Vor allem nach Osten hin breiten sich Nadel- und Mischwald aus. Südlich des Ortes, an den Ufern des Liwia-Łuża-Sees, der über einen Fluß mit dem Meer verbunden ist, nistet eine Schwanenkolonie.
Über eine Schmalspurbahn ist Niechorze mit den Ferienorten Rewal und Pogorzelica sowie mit Trzebiatów verbunden. Wer will, kann mit ihr auch einen weiten Ausflug ins Landesinnere bis Gryfice (Greifenberg) unternehmen.

Unterkunft

Gästehaus As (mit Café), ul. Parkowa 11, Tel. 0931-62375, untere Preisklasse

Steilküste auf der Insel Wolin

Pogorzelica (Fischerkathen)

Ein weiterer attraktiver Dünenstrand 2 km östlich von Niechorze, bestens geeignet für Familienurlaub. Der Ort ist umgeben von Nadel- und Mischwäldern, in südwestlicher Richtung gelangt man zu den Ufern des Liwia-Łuża-Sees.

Unterkunft
Gästehaus Bocianie Gniazdo (Storchennest), ul. Teligi 3, Tel. 0931-62426, untere Preisklasse: Erholungsheim mit Sauna, Sport- und Freizeitanlagen
Camping Nr. 119, ul. Wojska Polskiego 2, Tel. 62411, 300 Stellplätze, 11 Miethütten: 2 ha große, teilweise schattige Anlage in der Nähe eines Naturschutzgebietes, 2 km westlich Pogorzelica an der Straße nach Niechorze

Essen und Trinken
Restaurant Krakus, ul. Sztormowa 2, Tel. 62496

Trzebiatów (Treptow)

Die ehemalige Hansestadt liegt an der Küstenstraße, die Swinemünde mit Kolberg verbindet. Der Hügel mit altem Stadtkern wird an seiner Ostseite von der Rega umspült, die Meeresküste liegt 10 km entfernt. Wahrzeichen der Stadt ist der 90 m hohe Turm der Marienkirche, eines dreischiffigen Hallenbaus aus dem 14. Jahrhundert. Ein barockes Rathaus beherrscht den quadratischen, zentral gelegenen Marktplatz. In der Heilig-Geist-Kapelle, heute ein Gotteshaus der aus der Ukraine stammenden Unierten, wurde 1534 eine historisch wichtige Entscheidung gefällt: Die Einführung des Protestantismus in Pommern wurde vom Landtag offiziell abgesegnet, auf Jahrhunderte hinaus wurde der religiöse Gegensatz zum katholisch dominierten Polen betont. Kulturveranstaltungen finden heute im Treptower Schloß statt, das an der Stelle einer wendischen Burg im 13. Jahrhundert erbaut und 500 Jahre später im klassizistischen Stil umgestaltet wurde. Ein beliebter Treffpunkt vor allem jüngerer Leute ist das Café Gromada in der Ulica Wojska Polskiego; in derselben Straße findet sich ein einfaches Hotel.

Bus- und Zugbahnhof befinden sich 1 km östlich der Stadt.

Unterkunft
Hotel Rega, ul. Wojska Polskiego 57, Tel. 0931-72507, 26 Zimmer, nur einige mit Bad, untere Preisklasse

Mrzeżyno (Deep)

Als die Stadt Treptow noch der Hanse angehörte, machte sich Deep als Hafen einen Namen. Seine Entstehung verdankte er der Rebellion Kolberger Kaufleute im Jahr 1457. Als diese den weiter östlich gelegenen Handelsplatz Regamünde blokkierten, ließen die Bürger aus Treptow eine neue, künstliche Flußmündung graben, die fortan plattdeutsch Deep genannt wurde. Das heutige Mrzeżyno hat als Hafen keine Bedeutung mehr, das Dreitausend-Seelen-Dorf lebt vom Fischfang und natürlich vom Tourismus. Es liegt

Leuchtturm und Windmühle in Horst

zu beiden Seiten der Rega, wird vor der Brandung des Meeres durch eine große Düne geschützt. Lyonel Feininger war zwischen 1924 und 1935 oft hier zu Gast, ließ sich von der Schönheit der Landschaft zu zahlreichen Gemälden inspirieren. Mrzeżyno hat nicht nur herrliche Sandstrände, sondern eignet sich auch vortrefflich als Startpunkt für herrliche Wanderungen. 5 Kilometer östlich liegt das große Naturschutzgebiet des Kamper Sees: Sümpfe und Wiesen rund um das schilfumrankte Gewässer bieten Vögeln einen idealen Brut- und Nistplatz. Noch etwas weiter östlich folgt **Dźwirzyno** (Kolberger Deep), ein kleiner Fischerort auf einer Nehrung zwischen Ostsee und Kamper See. Trotz des schönen Sandstrandes kommen bisher nur wenige Touristen hierher; Bars und Restaurants öffnen nur im Sommer.

Unterkunft

Unter den Gästehäusern in Mrzeżyno sind Koral und Almak zu empfehlen, in Dźwirzyno findet man preiswerte Unterkünfte vor allem entlang der Wyzwolenia-Straße. In beiden Orten gibt es auch Campingmöglichkeiten, die sanitären Anlagen sind jedoch bescheiden.

Gästehaus Koral, ul. Bałtycka 23, Tel. 0931-66111, 53 Zimmer, untere Preisklasse

Gästehaus Almak, al. Tysiąclecia 11, Tel. 66256, untere Preisklasse

Von Kolberg bis Rügenwalde

Kołobrzeg (Kolberg)

Auferstanden aus Ruinen hat sich Kolberg abermals zum beliebtesten Badeort der gesamten polnischen Ostseeküste entwickelt. Breite und feinsandige Strände säumen die Küste, sind von der Stadt durch Dünenwall, Grünanlagen und Kurzone getrennt. Die Gästehäuser sind höchstens 300 m vom Strand entfernt, und da der Wind meist von der Seeseite weht, ist reine Luft garantiert. Viele, die hier Urlaub machen, schwören auf die hiesigen Naturheilanstalten. Besonders gepriesen werden die Sol- und Moorbehandlungen, auch das Mineralwasser wird aufgrund seiner heilenden Wirkung geschätzt.

Boote aus aller Welt legen im Yachthafen an. Er liegt gut geschützt im Innern des Hafenbereichs, ganz in der Nähe des betriebsamen Fischerhafens. Reguläre Schiffsverbindungen gibt es vorläufig nur mit Bornholm, Ausflugsfahrten starten zu verschiedenen Orten entlang der Ostsee.

Vom Leuchtturm genießt man einen weiten Ausblick über die inzwischen fast 50.000 Einwohner zählende Stadt. Das Zentrum Kolbergs befindet sich 2 km landeinwärts, sein Wiederaufbau wurde erst vor wenigen Jahren abgeschlossen. Es entstanden Fußgängerzonen mit vielen Geschäften und Cafés, bedeutende Bauten aus dem 14. Jahrhundert wurden rekonstruiert. Einen Besuch lohnt vor allem die fünf-

Seesteg Kolberg in den 30er Jahren

Kolberg

schiffige Marienkathedrale, ein gewaltiger, von einem Satteldach überspannter Backsteinbau. Im Hauptschiff hängt ein großer Leuchter, der nach seinem Stifter ›Schlieffenkrone‹ benannt wird. Sehenswert sind auch die gotischen Altäre sowie ein bronzenes Taufbecken mit biblischen Reliefs.

Der Marktplatz östlich des Mariendoms wird von einem neugotischen Rathaus dominiert, das um 1830 nach Plänen Karl Friedrich Schinkels erbaut wurde. In seinen Räumen ist ein Kulturzentrum untergebracht, das Ausstellungen und Konzerte organisiert. Nördlich des Marktplatzes gelangt man zum Pulverturm: Von den Wehranlagen, die einst den Stadtkern umschlossen, blieb er als einziger erhalten. Heute hat hier der Verband für Naturschutz und Landeskunde PTTK seinen Sitz.

☞ **Touristenbüro** (Centrum Informacji Turystycznej i Promocji), ul. Wojska Polskiego 6c, Tel./Fax 0965-27939

☞ **Orbis-Büro**, ul. Dworcowa 2, Tel. 23689, Fax 25626

☞ **Yachthafen**, ul. Warzelnicza 1, Tel. 24301

☞ **Auskunft Zugbahnhof**, ul. Kolejowa, Tel. 23576

☞ **Auskunft Busbahnhof**, ul. Kolejowa, Tel. 23959

Unterkunft

Die Stadt verfügt über mehrere Hotels und eine Vielzahl gut ausgestatteter, wenngleich architektonisch nicht immer gelungener Gästehäuser. Unmittelbar am Strand liegt das Bałtyk, nur durch einen schmalen Parkgürtel vom Strand getrennt sind Heban, Gryf, Meduza, Kielczanka, Relax, Arka und Węgiel Brunatny. Die früheren Ferienheime besitzen häufig Kurcharakter (Sauna/Massage), für Behinderte ist speziell Arka zu empfehlen. Wer eine möglichst kleine Anlage bevorzugt, wählt Meduza oder Relax, Fahrräder verleiht Heban.

Hotel New Skanpol, ul. Dworcowa 10, Tel. 28211, Fax 24478, 168 Zimmer, 4 Appartements, obere Preisklasse: Distanz und Komfort werden hier großgeschrieben; mit angeschlossenem skandinavischem Restaurant, Entfernung zum Strand 15 Minuten

Hotel Solny, ul. Fredry 4, Tel. 22401, Fax 25924, 150 Zimmer, 2 Appartements, obere Preisklasse: Hotel der Orbiskette ohne Strandlage, doch mit vielen Sport- und Vergnügungsangeboten

Hotel Heban, ul. Borzymowskiego 3, Tel. 24841, Fax 22003, 40 Zimmer, mittlere Preisklasse: einziges Hotel in Strandnähe

Gästehaus Bałtyk, ul. Rodziewiczówny 1, Tel./Fax 23961, 162 Zimmer, untere Preisklasse

Gästehaus Gryf, ul. Waszyngtona 1, Tel. 23441, Fax 23448, 75 Zimmer, untere Preisklasse

Gästehaus Kielczanka, ul. Rodziewiczówny 15, Tel. 25266, Fax 25834, 70 Zimmer, untere Preisklasse

Gästehaus Poznanianka, ul. Norwida 1, Tel./Fax 23763, 45 Zimmer, mittlere Preisklasse

Gästehaus Arka, ul. Sułkowskiego 11, Tel. 28151, Fax 27757, 100 Zimmer, untere Preisklasse

Gästehaus Meduza, ul. Borzymowskiego 1, Tel. 22253, 25 Zimmer, 1 Appartement, untere Preisklasse

Gästehaus Relax, ul. Kościuszki 24, Tel./Fax 27735, 15 Zimmer, 3 Appartements, untere Preisklasse: kleinstes der hier aufgeführten Häuser mit dem besonderen Vorzug flexibler Essenszeiten

Węgiel Brunatny, ul. Sikorskiego 8, Tel. 22424, Fax 26361, untere Preisklasse: Unternehmen der Braunkohleindustrie, seit 1995 gleichfalls alle Zimmer mit Bad

Camping Nr. 78, ul. IV Dywizji Piechoty 1, Tel./Fax 24569, 300 Stellplätze, untere Preisklasse: 4 ha große Anlage auf sonnigem Wiesengelände am Ostrand der Stadt, knapp 1 km vom Strand entfernt

Essen und Trinken

Restaurant Skandynawia, ul. Dworcowa 10, Tel. 28211, obere Preisklasse: skandinavische Küche im Hotelkomplex New Skanpol

China-Restaurant Li Tian, ul. Narutowicza 15, Tel. 28860, mittlere Preisklasse

Restaurant Fregata, ul. Dworcowa 12, Tel. 23787, untere Preisklasse: das einst beste Lokal der Stadt muß seine Räumlichkeiten heute mit einem Spielsalon teilen; täglich außer Montag wird von 21 bis 3 Uhr im Speisesaal getanzt.

Café Casablanka, ul. Gierczak 22: beste Adresse für einen verregneten Nachmittag; abends Klaviermusik, bis nach Mitternacht geöffnet

Café Hotel Bałtyk, ul. Rodziewiczówny 1: mit Blick aufs weite Meer

Museen und Galerien

Erstaunlich interessant ist das Waffenmuseum mit wertvollen Militaria aus der 1000jährigen Geschichte Polens. Präsentiert werden u.a. archäologische Funde, Schlachtengemälde von Wo-

Kolberg

jciech und Jerzy Kossak, Gebrauchsgraphik und Fotografien. Eine Filiale des Museums mit einer Sammlung von Meßvorrichtungen befindet sich im Plüddemannhaus (ul. Armii Krajowej 13).

Museum für Polnische Waffen (Muzeum Oręża Polskiego), ul. Gierczak 5, Tel. 25253, Mo-Di 9-13, Mi 9-19, Do-So 9-15 Uhr

Galerie für zeitgenössische Kunst (Galeria Sztuki Współczesnej, ul. Armii Krajowej 12 (Rathaus), Tel. 24348, tgl. außer Mo 10-18 Uhr: wechselnde Ausstellungen im linken Flügel des Rathauses

Kulturangebote

Wichtigster Veranstaltungsort für Konzerte und Vorträge ist das **Städtische Kulturzentrum** (Miejski Ośrodek Kultury) in der ulica Armii Krajowej 12 (Tel./Fax 24949); ausländische Filme im Original, versehen mit polnischen Untertiteln, zeigt das **Kino Wybrzeże** in der ulica Łopuskiego s/n (Tel. 23632).

Ustronie Morskie (Henkenhagen)

Einer der schönsten Küstenorte der Region. Langgestreckt und schmal schmiegt er sich an die bewaldete Steilküste, eine Promenade lädt zum Flanieren ein. Der 2000 Einwohner zählende Ort verfügt über Kureinrichtungen, besonders attraktiv ist das Meerwasserthermalbad.

Unterkunft

Gästehaus Rafa, ul. Kolejowa 2, Tel. 0965-15125, untere Preisklasse

Camping Nr. 206, Tel. 15111, Fax 15112, 70 Stellplätze: sonniges, knapp 3 ha großes Wiesengelände mit parzellierten Stellflächen, knapp 1 km vom Meer entfernt

Gąski (Funkenhagen)

Durch einen Dünenwall ist der Ort vom Strand getrennt. Über 234 Stufen einer Wendeltreppe gelangt man zur Plattform des 100 Jahre alten Leuchtturms, genießt von hier einen herrlichen Ausblick über die Küste.

Mielno (Groß Möllen)

Wohin das Auge blickt: Sandstrand weit und breit. Mielno, der Badeort von Koszalin, liegt am Beginn einer schmalen Landzunge, die die Seen Jamno und Bukowo von der Ostsee abschirmt. Westwärts ziehen sich Wälder den Dünenwall entlang. Nach 6 km Strandlauf, vorbei an den stillen Ortschaften Mielenko und Chłopy, erreicht man das Dorf Sarbinowo, das durch eine Buhne vor der Gewalt des Meeres geschützt ist. In östlicher Richtung geht Mielno unmittelbar über in den Ort Unieście (Nest), wo gleichfalls Feriensiedlungen entstanden sind.

Unterkunft

Hotel Paradise, ul. T. Kantora 9, Tel. 094-27381, 6 Zimmer, mittlere Preisklasse: mit Yachtanlegestelle

Sporthotel COS, ul. Mickiewicza 3, Tel. 189539, untere Preisklasse

Gästehaus Albatros, ul. Chrobrego 4, Tel. 189214: 157 Zimmer und 7 Appartements, untere Preisklasse

Gästezimmer Zbigniew Choiński, ul. Połnoczna 1, Tel. 189143, untere Preisklasse: 300 m vom Meer entfernt, einfache Zimmer mit Blick auf den östlich angrenzenden Jamno-See

Hotel Faraon, ul. Prusa 4, Mielno-Unieście, Tel. 189675, untere Preisklasse

Gästehaus Agawa, ul. Róży Wiatrów 38, Mielno-Unieście, Tel. 189676, untere Preisklasse

Koszalin (Köslin)

Mit rund 100.000 Einwohnern ist Koszalin nach Danzig und Stettin eine der größten Städte der polnischen Ostseeküste: jung, dynamisch und mit regem Kulturleben. Im Stadtpark lädt das Amphitheater zu Musikdarbietungen ein, regelmäßige Konzerte finden in der Philharmonie statt.

Ungewöhnlich vielfältig präsentiert sich die Theaterszene. Neben dem Staatlichen Baltischen Theater gibt es mehrere kleine Bühnen, die inzwischen auch außerhalb Polens bekannt geworden sind. Wer des Polnischen nicht mächtig ist, sollte sich in das ehemalige Haus des Henkers begeben. Hier probt die Avantgardebühne Dialog, die stark auf mimische und gestische Effekte setzt.

In der alten Wassermühle gegenüber der Stadtmauer befindet sich das Herzstück des Regionalmuseums: Eine Kunstsammlung vermittelt einen Überblick über alle Stilrichtungen von der Gotik bis zur Sezession.

Gleich nebenan in der Dąbrowskiego-Straße lassen sich Fischerkaten besichtigen, die aus Dąbki und Chałupy stammen und den Alltag der Küstenbewohner früherer Zeiten illustrieren. Eine weitere Filiale in der Piłsudskiego-Straße widmet sich der Stadtgeschichte, veran-

Marienkirche in Koszalin

schaulicht sie anhand von archäologischen Funden, Stichen und Fotografien.
Das reiche Kulturangebot kann freilich nicht darüber hinwegtäuschen, daß Koszalin ästhetisch wenig attraktiv ist. Graue Wohnblocks beherrschen das Bild, nur wenig erinnert an die Zeit, da die Stadt Mitglied der Hanse war. Lediglich am Marktplatz wurden einige historische Bürgerhäuser restauriert, das Rathaus stammt aus den 60er Jahren. Die wuchtige Marienkathedrale (14. Jh.) lebt einzig während des Orgel- und Chorfestivals auf, wenn

Unterwegs ...

Tausende von Musikliebhabern die Stadt bevölkern. Im Nordosten der Altstadt verleitet eine barocke Schloßkapelle zum Besuch, südlich der Stadt die St.-Gertrud-Kapelle mit einem Sterngewölbe aus dem 14. Jahrhundert.

Wer Städte und Landschaften gern aus der Vogelperspektive erlebt, steigt zur Spitze des Kirchturms der Marienkirche hinauf. Dort eröffnet sich ein weiter Blick auf die Betonwüste von Koszalin, aber auch auf die Küste und den Jamno-See sowie die südlich angrenzenden Wälder. Im Gebiet um Strzekęcino dürfen Rehe und Hirsche, Hasen und Wasservögel gejagt werden.

☞ **Touristenbüro WCIT**, ul. Dworcowa 10, Tel. 094-427399

☞ **Auskunft Zugbahnhof**, al. Armii Krajowej 3, Tel. 426006

☞ Auskunft Busbahnhof, ul. Zwycięstwa 6a, Tel. 422244

Unterkunft

Wer auf Komfort nicht verzichten will, steigt im 4-Sterne-Hotel Arka ab. Es liegt sehr zentral, nur wenige Minuten vom Bahnhof entfernt. Naturliebhaber quartieren sich einige Kilometer außerhalb der Stadt ein, z.B. in der Ortschaft **Strzekęcino**, wo ein berühmtes Palais, die ehemalige Sommerresidenz der Familie von Kameke, kürzlich renoviert wurde. Angrenzend ein 20 ha großer Park mit vielen exotischen Bäumen und einem malerischen See. Bescheidener sind die Quartiere auf Bauerngütern rings um Koszalin. Beliebt sind die Höfe südöstlich von **Sianów** (nach 1848 Sitz der größten Zündholzfabrik Deutschlands). Das Bauerngut Daczyszyn liegt auf einer Insel, die Eigentümer sprechen deutsch. Auch bei Andrzej Rymaszewski gibt es keine Verständigungsprobleme, sein Hof liegt im Wald, in der Nähe ein Fluß mit Forellen.

Hotel Arka, ul. Zwycięstwa 20, Tel. 423558, 80 Zimmer, 4 Appartements, obere Preisklasse

Hotel Za Lasem, ul. Morska 152, Tel. 423426, untere Preisklasse

Hotel Biały Pałac (Weißes Palais), Strzekęcin 12, 76024 Świeszyno, Tel. 161227, Fax 161442, 8 Zimmer und 1 Appartement, weitere 25 Gästezimmer im Alten Palais, obere Preisklasse

Bauerngut Stanisław Daczyszyn, Łobuszan, 76004 Sianów, Tel. 185437, 3 Zimmer, untere Preisklasse

Bauerngut Andrzej Rymaszewski, Krzykacz, 76004 Sianów, Tel. 185629, 3 Zimmer, untere Preisklasse

Jugendherberge, ul. Gnieżnieńska 3, Tel. 426068, 102 Betten, nur während der Weihnachtstage geschlossen, unterer Standard

Essen und Trinken

Restaurant Balaton, ul. Zwycięstwa 20, Tel. 423558, mittlere Preisklasse
Restaurant Bałtyk, ul. Zwycięstwa 28, Tel. 426614
Restaurant Ratuszowa, Rynek, Tel. 423409

Museum

Regionalmuseum (Muzeum Okręgowe), ul. Młyńska 37/38, Tel. 432011, tgl. außer Mo 10–16 Uhr: mit Filiale in der ulica Dąbrowskiego
Keramikgalerie (Galeria Na Piętrze), ul. Dworcowa 2, Tel. 422998: ungewöhnliche Tonarbeiten, Glas und Silberschmuck, zuweilen auch moderne Kunst

Kultur

Philharmonie (Państwowa Filharmonia im. St. Moniuszki), ul. Zwycięstwa 105, Tel. 426220
Avantgardetheater (Teatr Dialog), ul. Grodzka 3, Tel. 425296

Białogard (Belgard)

28 km südwestlich von Koszalin, auch per Zug bequem erreichbar, liegt Białogard, das architektonische Kleinod der Region. Die historische Kleinstadt am Ufer der Parsęta blieb im Krieg nahezu unzerstört. Wie in fast allen mittelalterlichen Städten Pommerns ist der quadratische Marktplatz Ortsmittelpunkt, wird von zwei Ratsgebäuden und Bürgerhäusern flankiert. Ein 60 m hoher Turm weist den Weg zur gotischen Marienkirche aus dem Jahr 1310. Durch vielfarbiges Glas gebrochene Sonnenstrahlen gleiten in den geräumigen Innenraum, tauchen den reichgeschnitzten Hochaltar in ein schillerndes Licht. Von den alten Wehranlagen , die die Stadt von der Außenwelt abschirmten, sind Teile erhalten, besonders eindrucksvoll wirkt das aus Backstein erbaute Hohe Tor (Brama Połczyńska). Auch die mächtigen Getreidespeicher, die noch heute am Flußufer zu sehen sind, dienten in früheren Zeiten als Schutzmauer gegen feindliche Übergriffe vom Wasser.

Unterkunft

Hotel OSiR, ul. Moniuszki 49, Tel. 09412-2080, untere Preisklasse
Jugendherberge, pl. Wolności 1/2, Tel. 2257, 50 Betten, geöffnet nur 1.7.–31.8., unterster Standard

Połczyn Zdrój (Bad Polzin)

Wer den Abstecher über Białogard noch ein wenig südwärts ausdehnt, stößt nach 38 km auf den Kurort Połczyn Zdrój, berühmt nicht nur für seine Mineralquellen, sondern auch für das Bier, das hier auf der Grundlage von Quellwasser produziert wird. Über 300 Jahre liegt es zurück, daß ein Schmied seinem an einer Augenkrankheit leidenden Freund das Wasser einer nahegelegenen Quelle brachte. Die milchige Färbung erschien ihm ungewöhnlich, weckte den Glauben an magisch-heilende Kräfte. Und da der Glaube Wunder wirkt, ward der Freund von seinem Leiden erlöst, die Quelle entpuppte sich als Gesundbrunnen.
Die Silhouette der Stadt wird von einem barock umgestalteten Schloß

geprägt, das Hotel und Café, Theater und Bibliothek beherbergt. An seiner Nordseite der Kurpark, daran anschließend die Altstadt mit einem quadratischen Marktplatz als Ortsmittelpunkt. Die gotische Marienkirche birgt das Grabmal Erasmus von Manteuffels, des letzten Bischofs von Kamień Pomorski.

Pommersche Seenplatte

Połczyn Zdrój ist idealer Ausgangspunkt zur Erkundung der südlich gelegenen **Pommerschen Seenplatte**. Eine 28 km lange, malerische Straße führt in zahllosen Kurven südwärts durch das »Tal der fünf Seen«, ringsum dichter Wald, der durch markierte Wanderwege erschlossen ist. Unterwegs lohnt ein Zwischenstopp in **Stare Drawsko** (Draheim), wo auf einer Anhöhe romantische Burgruinen zu bestaunen sind; anschließend geht es weiter ins verschlafene Städtchen **Czaplinek** (Tempelburg), herrlich auf einer Landzunge zwischen zwei Seen gelegen. Der Ort ist als Angler- und Kanutenparadies bekannt, Restaurants bieten frischen Hecht, Karpfen und Aal. Gute Hotels gibt es erst wieder in **Szczecinek** (Neustettin), erreichbar über eine 40 km lange Straße entlang zahlreicher Seen. Nächtigen kann man z.B. im ehemaligen Schloß der pommerschen Fürsten oder - komfortabler - im Hotel Pojezierze. 29 km nördlich von Szczecinek erreicht man **Biały Bór** (Baldenburg), bekannt durch sein traditionsreiches Gestüt. Der Ort liegt zwischen zwei Seen und ist umgeben von Wäldern. Über Bobolice und Barwice kehren wir westwärts nach Połczyn Zdrój zurück.

Unterkunft

Hotel Pojezierze, ul. Kardynała Wyszyńskiego 69a, 78400 Szczecinek, Tel. 0966-43341, 40 Zimmer, untere Preisklasse
Hotel Zamek, ul. Mickiewicza 2, 78400 Szczecinek, Tel. 42074, untere Preisklasse
Hotel Biały Bór, ul. Kolcjowa 2, 78425 Biały Bór, Tel. 0966-39700, Fax 39035, mittlere Preisklasse

Dąbkowice (Damerort)

Wer Küsteneinsamkeit sucht, unternimmt einen Abstecher ins Fischerdorf Dąbkowice, das sich auf einer schmalen Nehrung zwischen Meer und Bukowo-See behauptet, etwa 20 km nordöstlich von Koszalin. Früher wurden seine Bewohner bei Überflutung der Landzunge von der Außenwelt abgeschnitten, heute schützen Küstenbefestigungen das Dorf vor der Gewalt des Meeres. Am Nordostufer des Bukowo-Sees liegt Dąbki: ein Dorf in bukolischer Ländlichkeit, auf strohgedeckten Fischerkaten nisten Störche.

Darłowo (Rügenwalde)

Auf halber Strecke zwischen Koszalin und Ustka liegt Darłowo, einer der wenigen vom Krieg unzerstört gebliebenen Orte der Region, vielen

Rügenwalde, altes Schloß

Feinschmeckern bekannt dank der hier hergestellten ›Rügenwalder Teewurst‹.
1270 wurde die Stadt vom Rügenfürsten Witzlaw II. gegründet, ab 1347 war sie Sitz der Pommerschen Herzöge. Das Schloß, in dem diese residierten, wurde im 16. Jahrhundert umgebaut, heute birgt es ein Museum mit gotischen Skulpturen, Gemälden und Waffen. Aus dem 18. Jahrhundert stammen Rathaus und Bürgerhäuser auf dem malerischen Marktplatz, der den einstigen Wohlstand der Hansestadt noch heute bezeugt. Hinter dem Rathaus ragt der 60 m hohe Turm der Marienkirche auf, die mit einem feingemeißelten Silberaltar die Besucher in den Bann schlägt. Hinter dem Altar befindet sich der Sarkophag Eriks VII., des legendären Königs von Dänemark, Schweden und Norwegen. 1438 wurde er zum Thronverzicht gezwungen; er rächte sich mit Überfällen auf die Hanseflotte, was ihm den Beinamen ›Letzter Wikinger des Baltikums‹ eintrug. In Darłowo wurde er geboren, und hier verbrachte er auch seine letzten Lebensjahre. Der Heiligen Gertrude (Schutzpatronin der Seeleute) hat er eine zwölfseitige, von einem hohen Turm gekrönte Kapelle gestiftet: ein markantes Beispiel skandinavischer Gotik vor dem einstigen Stadttor.

Unterkunft

Im benachbarten Darłówko schläft es sich ruhiger und besser. Wer eine Nacht in Darłowo bleiben will, könnte es im schlichten Hotel Irena versuchen (ul. Wojska Polskiego 64, Tel. 09414-3692) oder auch im Gästehaus Kubuś (ul. Powstańczów Warszawskich 17, Tel. 2919).

Essen und Trinken

Restaurant Paloma, ul. Powstańczów Warszawskich 58, Tel. 2753, mittlere Preisklasse

Museum

Schloßmuseum (Zamek Książat Pomorskich Muzeum Darłowie), ul. Zamkowa 4, Tel. 0897-2351, tgl. außer Mo 9–16 Uhr

Darłówko (Rügenwaldermünde)

Busse verbinden Darłowo mit der 2,5 km entfernten Hafenvorstadt, die sich zu beiden Seiten der Wieprzamündung ausbreitet. Daß Rügenwaldermünde zu Beginn des 19. Jahrhunderts erstes Ostseebad Preußens wurde, verdankt es seinen feinsandigen Stränden, die sich westlich des Hafens erstrecken. Auch heute noch kommen in den Sommermonaten viele Badefreunde hierher, gern lassen sie sich in einem der schlichten Fischlokale nieder, die sich in der Nähe des Leuchtturms befinden. Im Hafen liegen Fischkutter vor Anker.

Unterkunft
Alle hier vorgestellten Unterkünfte befinden sich in Strandnähe.
Hotel Grabowska, ul. Bosmańska 43, Tel. 09414-3092, 10 Zimmer und 1 Appartement, untere Preisklasse
Gästehaus Mielniczuk, ul. Marynarska 36, Tel. 2192, 10 Zimmer, untere Preisklasse
Gästehaus Arkady, 76153 Darłówko, ul. Admiralska 23, Tel. 2011, Zimmer für 1-4 Personen, untere Preisklasse

Jarosławiec (Jershöft)

Das stille und malerische Fischerdorf liegt 15 km nordöstlich von Darłowo (Rügenwalde). Es verfügt über einen wunderbaren Strand unterhalb des knapp 30 m hohen Steilufers, sein Wahrzeichen ist der 1853 erbaute Leuchtturm.
Oft kam in den 20er Jahren der Maler Karl Schmidt-Rottluff hierher, ließ sich zu expressionistischen Landschaftsbildern inspirieren.
Jarosławiec war in früheren Zeiten von großen Meeresbuchten umgeben. Im Laufe der Jahrhunderte spülte jedoch die Meeresströmung so viel Sand heran, daß sich ein Deich auftürmte und die heutigen Strandseen vom Meer abschnitt. Über das Grundwasser bildete sich eine Süßwasserflora aus Schilf und Rohr aus, heute tummeln sich in den Seen Karpfen und Hechte.
Südwestlich von Jarosławiec kann der Kopań-See, nordöstlich der Wicko-See erkundet werden. Jenseits des Wicko-Sees flacht das Ufer ab und geht in einen breiten Dünenstrand über, der sich bis Ustka hinzieht.

Sławno (Schlawe)

Im Mittelalter war Sławno ein wichtiges Wirtschaftszentrum. Hier wurden Leinenstoffe gewebt, Heringe aus der Ostsee konserviert und umgeladen, in mehr als 40 Brauereien Bier hergestellt. Heute werden in der im Zweiten Weltkrieg halb zerstörten Kleinstadt Industrietraditionen wachgehalten, Sławno produziert Fischkonserven und Wurstwaren. Für den Besucher gibt es nur wenig Grund zum Verweilen. Von den Stadtbefestigungen aus dem 13. Jahrhundert erhielten sich nur das backsteinerne Stolper und Kösliner Tor, seit Jahren schon werden sie von Störchen bewohnt. Die Stadtkirche überrascht mit mittelalterlichen Wandmalereien, die 1934 unter einer Putzschicht entdeckt und freigelegt wurden.

Über Stolp nach Leba

Słupsk (Stolp)

Słupsk liegt an der von Koszalin nach Gdańsk führenden Straße und ist Hauptstadt der gleichnamigen Wojewodschaft. Zwar gibt es auch hier viele Industrie- und Neubausiedlungen, doch zugleich verfügt Słupsk über einen reichen Fundus kulturhistorischer Denkmäler und genießt überdies den Ruf, der Ort mit den besten Restaurants der Region zu sein. Nicht wenige Touristen wählen Słupsk als Standort für ihren Urlaub. Attraktive Ferienziele an der Ostsee sind von hier bequem zu erreichen, Autofahrer gelangen in nur 30 Minuten zum Slowinzischen Nationalpark und zu den Wanderdünen von Łeba.

Die Stadt blickt auf eine bewegte Geschichte zurück, hat schon oft ihre Besitzer gewechselt. Ursprünglich war sie von Slawen bewohnt, ab dem 12. Jahrhundert wurden diese christianisiert und deutschem Einfluß unterworfen. Aufgrund der günstigen Lage an der Bernsteinroute erwarb sich Słupsk als Hansestadt Wohlstand und Ansehen. Im 15. Jahrhundert wurde die Stadt dem Herzogtum Hinterpommern unterstellt, ab 1653 war sie preußisch. Die wichtigsten historischen Bauwerke lassen sich im Rahmen eines kleinen Stadtrundgangs bequem kennenlernen.

Die Erkundung beginnt am Platz Zwycięstwa, an dessen Ostseite das neugotische Rathaus prangt. Die Jagiełły-Straße mit Wehrmauern und Grünflächen stößt auf die Dominikańska-Straße, die unmittelbar an den alten Stadtkern mit Schloß, Kirche und Mühle heranführt. Das **Herzogsschloß** wurde im 16. Jahrhundert im Stil der Renaissance erbaut, beherbergt heute ein bedeutendes kunsthistorisches Museum. Außer Kunsthandwerk, Ikonen und Teppichen ist vor allem die große Sammlung expressiver Porträts von Ignacy Witkiewicz sehenswert, einem der vielseitigsten polnischen Künstler des 20. Jahrhunderts. Im Rittersaal des Schlosses werden im September hervorragende Klavierkonzerte aufgeführt. Anlaß ist das alljährlich in diesen Räumen stattfindende Klavierfestival.

Die zum Schloß gehörige **Dominikanerkirche** (Kościół św. Jacka) war ursprünglich gotisch, wurde aber später barockisiert. Sehenswert sind die Kanzel und ein Hochaltar aus der Renaissance. Während der Sommermonate wird jeweils donnerstags zu Orgelkonzerten eingeladen. Die mittelalterliche **Schloßmühle** (Młyn) ist Polens ältestes Industriedenkmal, war einst wichtige Einkommensquelle der Herzöge. Heute beherbergt sie die ethnologische Abteilung des Regionalmuseums.

Nach Besichtigung der Anlage empfiehlt sich ein Spaziergang entlang der Ostseite des Flusses, wo man alsbald die **Hexenbastei** erreicht (Baszta Czarnowiec). Im früheren Wehrturm des Festungswalls hielt man noch bis zum Jahr 1701 Frauen gefangen, die der Hexerei beschuldigt, anschließend auf dem Scheiterhaufen verbrannt wurden. Heute wird an dem historischen Ort zeitgenössische Kunst ausgestellt.

Weiter nördlich biegen wir links in die Zawadszkiego-Straße ein. Über den Alten Marktplatz erreichen wir die gotische **Marienkirche** mit gleichfalls mächtigem Turm. Die Basilika birgt eine Kreuzigungsszene aus dem 16. Jahrhundert, schön ist auch die barocke Kanzel aus dem 17. Jahrhundert. Im **Neuen Tor**, das zum Zwycięstwa-Platz, dem Ausgangspunkt unseres Spazierwegs zurückführt, kann eine weitere Galerie für zeitgenössische Kunst besichtigt werden.

Im Touristenbüro werden auch Privatzimmer vermittelt, Bus- und Zugbahnhof befinden sich nebeneinander 1 km westlich vom Stadtzentrum.

☞ **Touristenbüro** (Wojewódzki Ośrodek Informacji Turystycznej), al. Jedności Narodowej 4, 76200 Słupsk, Tel./Fax 059-24326

☞ **Auskunft Zugbahnhof**, ul. Kołłątaja 1, Tel. 28110

☞ **Auskunft Busbahnhof**, ul. Kołłątaja 15, Tel. 24256

Unterkunft

In Słupsk ist die Auswahl an guten Unterkünften groß, zu keiner Jahreszeit hat man hier Schwierigkeiten, eine Bleibe zu finden. Im Zentrum der Stadt liegen Staromiejski, Piast, Atena und Zamkowy, relativ nahe zum Bahnhof liegt das Rowokół.

Hotel Staromiejski, ul. Jedności Narodowej 4, Tel. 28464, Fax 25019, 46 Zimmer, mittlere Preisklasse

Schloß in Slupsk

Die »Hexenbastei«, heute Galeria Baszta Czarnowiec

Hotel Piast, ul. Jedności Narodowej 3, Tel./Fax 25286, 26 Zimmer, 2 Appartements, mittlere Preisklasse
Hotel Zamkowy, ul. Dominikańska 4, Tel. 25294, Fax 25019, 33 Zimmer, mittlere Preisklasse
Hotel Atena, ul. Kilińskiego 7, Tel./Fax 28814, 20 Zimmer, mittlere Preisklasse: mit ausgezeichneter Küche
Hotel Rowokół, ul. Ogrodowa 5, Tel./Fax 27211, 42 Zimmer, mittlere Preisklasse
Jugendherberge, ul. Deotymy 15a, Tel. 24631, 100 Betten, nur geöffnet 1.7.-31.8., unterster Standard

Essen und Trinken

Unter den bereits erwähnten, in ganz Polen für ihre regionaltypischen Speisen gepriesenen Restaurants dieser Stadt stechen vor allem zwei hervor: Karczma Słupska und Karczma pod Kluką, beide trotz ihrer Bekanntheit noch erstaunlich preiswert. Ersteres liegt knapp westlich der Altstadt, letzteres etwas außerhalb im Nordosten.

Restaurant Karczma Słupska, ul. Wojska Polskiego 11, Tel. 23114, mittlere Preisklasse
Restaurant Karczma pod Kluką, ul. Kaszubska 22, Tel. 23469, mittlere Preisklasse
Restaurant Metro, ul. 9 Marca 3, Tel. 23741, mittlere Preisklasse: mit Cocktailbar
Café Franciszkańska, ul. Jedności Narodowej 2, Tel. 22741

Museen und Galerien

Mittelpommersches Museum (Muzeum Pomorza Środkowego), ul. Dominikańska 5, Tel. 26518, tgl. außer Mo 10-16 Uhr
Galerie zeitgenössischer Kunst (Galeria Baszta Czarnowiec), ul. F. Nullo 13, Tel. 26246
Galerie Neues Tor (Galeria Nowa Brama), plac Zwycięstwa 13, Tel. 23743

Kulturangebote

Theater und Kammerorchester, ul. Wałowa 3, Tel. 23839
Puppentheater Tęcza, Tel. 25809

Ustka (Stolpmünde)

Einst war der Küstenort Flottenstützpunkt der reichen Kaufleute von Słupsk, deren Handelskontakte bis zur iberischen Halbinsel reichten. Der damit verknüpfte Wohlstand währte freilich nicht lange. Mit dem Niedergang der Hanse büßte auch Ustka seine Bedeutung ein. In der Folge lebten die Bewohner vor allem von der Fischerei, durften allerdings erst im späten 19. Jahrhundert wieder optimistisch in die Zukunft blicken. Ustka entwickelte sich zu einem wichtigen Seehafen, Häuser in ungewöhnlicher Schachtholzkonstruktion entstanden im sogenannten Kapitänsviertel.

Fischer auf der Ostsee

Wer heute nach Ustka kommt, wird Zeuge eines Neubeginns. Deutlich sichtbar ist das Bestreben, den Ort zu einem attraktiven Seebad umzugestalten. Zahlreiche Gebäude wurden bereits renoviert, Verschönerungsmaßnahmen wurden auch im Hafen eingeleitet. Buntbemalte Kutter liegen dort vor Anker, Ausflugsschiffe laden ein zur Fahrt auf hoher See.

Die Zahl der Touristen ist in den vergangenen Jahren bereits spürbar gestiegen. Das Wasser ist sauber, es wird gebadet, gesurft und gesegelt. In östlicher Richtung erstreckt sich langer, feinsandiger Strand, der sich bei Rowy in Dünen aufschichtet. Die Küste wird von Kiefernwald gesäumt, Möwenkolonien bevölkern die ins Meer gepflockten Holzbohlen. Für Schlechtwettertage steht in der Sportowa-Straße ein Hallenbad bereit - oder man geht in eines der neuen Cafés und knüpft Kontakte. Zur Abendzeit hat man die Wahl zwischen mehreren Bars und Lokalen, die lebhaftesten findet man entlang der Promenade.

Unterkunft

An der Straße nach Rowy liegt das Hotel Bałtycki, guten Ausblick aufs Meer verspricht das zentrale Hotel Nord (Dom Rybaka) an der Promenade. Ein deutscher Reiseveranstalter bevorzugt das Hotel Wodnik, gleichfalls nur 200 m vom Strand entfernt. Preiswerte Unterkünfte entdeckt man vor allem in den Straßen Lipowa, Sosnowa und Kościuszki.

Hotel Bałtycki, ul. Grunwaldzka 55, Tel. 059-144048, 20 Zimmer, mittlere Preisklasse

Hotel Nord, ul. Marynarki Polskiej 31, Tel. 145755, 60 Zimmer, mittlere Preisklasse
Hotel Wodnik, ul. Kochanowskiego 30, Tel. 144043, mittlere Preisklasse
Pension Zofia, ul. Lipowa 10, Tel. 145934, untere Preisklasse
Camping Nr. 101, ul. Armii Krajowej, Tel. 144789, 100 Stellplätze, 12 Miethütten: Knapp 3 ha große Anlage auf teilweise schattigem Wiesengelände; an der Straße von Ustka nach Przewłoka, am Ortsrand rechts abbiegen

Essen und Trinken

Wer frischen Fisch liebt, sucht in Ustka eines der vielen guten Speiselokale auf, z.B. das »Haus des Fischers« im Hotel Nord. Ein schönes Café befindet sich im einstigen Getreidespeicher, der heute zugleich als Galerie dient.
Dom Rybaka (Haus des Fischers), ul. Marynarki Polskiej 31, Tel. 145755, untere Preisklasse
Art Café, ul. Nowotki 1, Tel. 146089

Rowy (Rowe)

Der Badeort Rowy liegt auf einer Landzunge zwischen Gardno-See und Meer. Unmittelbar östlich vom Ort ragen die Wanderdünen des Slowinzischen Nationalparks auf, attraktive Wanderwege führen an der Küste entlang und erschließen die landeinwärts gelegene Sumpf- und Seenplatte. Von der herb-wilden Schönheit dieses Landstrichs war der Maler Max Pechstein so angetan, daß er ab 1927 in mehreren aufeinanderfolgenden Jahren hier seine Ferien verbrachte. Expressive Bilder, zu denen er sich inspirieren ließ, waren z.B. ›Fischerhütte in Rowe‹, ›Morgen am Garder See‹ und ›Morgennebel an der Lupow‹.

Unterkunft

Camping Nr. 155, Tel. 141940, 190 Stellplätze, 31 Miethütten: Am Westrand des Slowinzischen Nationalparks nahe dem Gardno-See; 4 ha große Anlage mit wenig Schatten, sanitäre Verhältnisse leider nur bescheiden.

Słowiński Park Narodowy (Slowinzischer Nationalpark)

Von Rowy bis Łeba erstreckt sich die 18.000 ha große Dünen- und Seenlandschaft des Slowinzischen Nationalparks, die sich am leichtesten vom östlich gelegenen Łeba erwandern läßt. Die UNESCO hat den Nationalpark zu einem Biosphärenreservat deklariert. Tatsächlich handelt es sich hier um ein einzigartiges Naturdenkmal: Sichelförmige, bis zu 50 Meter hohe Dünen werden vom Wind vorwärtsgetrieben, wobei sie Bäume und Sträucher unter sich begraben. Der Besucher stapft durch rieselnden Sand, meint im gleißenden Sonnenlicht eine Fata Morgana zu erkennen. Eine Böe wirbelt blendendweiße Sandkörner zu gespenstischen Windrosen auf, aus der Talsenke ragt das Skelett eines Kiefernbaumes hervor.
Südwärts schließen sich an die Dünenlandschaft mehrere umwaldete Seen an. Der größte von ihnen ist der Łeba-See mit dem Dorf Kluki an seinem Westufer. Sümpfe und Moore riegeln die Seen von der Außenwelt ab, in verschilften Buchten können seltene Wasservögel ungestört nisten.

Die Entstehung dieser eigenartigen Landschaft reicht Jahrtausende zurück. Die Seen waren Teil einer großen Bucht, die durch Sandablagerungen der Meeresströmung von der offenen See abgetrennt wurde. Eine große Nehrung entstand, die erst von Strandhafer und Heidekraut, später von Kiefern bedeckt wurde. Die Menschen, die sich hier ansiedelten, rodeten den Wald, um Anbauflächen zu gewinnen - fortan war die Küste intensiver Verwehung ausgesetzt. Als erstes wurden die Dörfer begraben, anschließend wanderte der Sand ostwärts und legte sich über immer größere Flächen. Zu jener Zeit wurde der Mythos vom ›teuflischen Geist‹ geboren, der alle guten Taten der Menschen ins Gegenteil zu verkehren weiß. Sein böser Fluch spukt noch heute durch viele pommersche Sagen.

Von den einstigen Bewohnern der Region, den sogenannten ›Slowinzen‹, ist nur wenig bekannt. Doch weiß man, daß sie zu einem slawischen Volksstamm gehörten, der mit den Kaschuben verwandt war. Sie lebten von Fischerei und karger Landwirtschaft, waren durch Wüste und Sumpf von der Außenwelt abgeschnitten. Relikte ihrer Kultur lassen sich im Freilichtmuseum von Kluki (Klucken) studieren: strohgedeckte, weißverputzte Katen, eingerichtet mit derbem Holzmobiliar.

Wandervorschlag

Die Routen im Slowinzischen Nationalpark sind deutlich markiert, im Dünenbereich weisen Stangen mit Farbmarkierung den Weg. 2 km westlich Łeba, beim Dorf Rąbka, befindet sich der Eingang zum Nationalpark - hier nimmt der rot markierte Weg seinen Ausgang. Er führt zur 42 m hohen Łącka-Düne, von deren Spitze man einen weiten Blick über die Küste genießt. Nördlich der Düne teilt sich der Weg: In östlicher Richtung führt er (grün markiert) zurück zum Parkeingang; westlich führt er (rot markiert) 9 km an der Küste entlang, biegt dann landeinwärts zum Dorf Czołpino, das überragt wird von einem Leuchtturm. An der Weggabelung 2,5 km hinter Czołpino biegen wir in den südwestlich weisenden, schwarz markierten Weg. Er geleitet uns 4 km durch Kiefern- und Fichtenwald nach Smołdzino (Schmolsin). Das Dorf liegt an der Nordseite des Rowokół, eines 115 m hohen Berges, von den Slowinzen als ›heiliger Berg‹ verehrt. Ruinenreste einer frühmittelalterlichen Burg sind auf ihm zu entdecken, ebenso Spuren von Feuerstellen (24 km).

In Smołdzino gibt es zwei Übernachtungsmöglichkeiten. Am Folgetag kann man auf einem gelb markierten Pfad über Kluki nach Łeba zurückwandern. Der Weg führt durch Moore und Laubwälder am Südufer des Jezioro Łebsko entlang (20 km).

Die hier beschriebenen Wanderungen können nur im Sommerhalbjahr durchgeführt werden: der Park ist vom 1. Mai bis 30. September ge-

Folgende Seiten:
Wanderdünen im Nationalpark

Im Hafen von Łeba

öffnet. Ausreichend Trinkwasser sollte mitgenommen werden, die Temperaturen steigen im Dünensand auf über 40 °C an!

Unterkunft

Hotel Pod Rowokołem, Tel. 059-116364, 9 Zimmer, untere Preisklasse
Jugendherberge, Smołdziński Las, Tel. 116348, 55 Betten, nur geöffnet 1.7.-31.8., unterer Standard

Museen

Naturkundemuseum (Muzeum Przyrodnicze), ul. Mostnika 1, Smołdzino, Tel. 059-116368, tgl. außer Mo 9-16 Uhr
Slowinzisches Freilichtmuseum (Skansen Słowiński), Tel. 059-116344, Di 10-17, Mi-So 9-16 Uhr

Łeba (Leba)

Łeba liegt an der Mündung des gleichnamigen Flusses in die Ostsee, zwischen Łebas- und Sarbsker-See. Der Fischer- und Badeort ist einer der schönsten der gesamten Küste: Die Straßen sind mit Katen aus dem 19. Jahrhundert gesäumt, verleihen ihm ein romantisches Flair. Gute und preiswerte Restaurants findet man vor allem in der Kościuszki-Straße, die nordwärts in Richtung Küste führt. Im Hafen dümpeln buntgestrichene Kutter, Silbermöwen warten auf das Ausladen des frischen Fanges. Im Sommer strömen die Besucher zu den breiten feinsandigen Stränden, die in Dünenlandschaft übergehen und von Fichtenwald eingefaßt sind. Eine Überraschung hält das Westufer der Łeba bereit: Im bewaldeten Dünenbereich erinnern Ruinenreste einer Kirche daran, daß sich bis 1558 an dieser Stelle eine Siedlung befand. Sie wurde durch eine Sturmflut zerstört, Wanderdünen mit weißem Quarzsand haben die früheren Häuser unter sich begraben.

Vorläufig wird man im Przymorze-Touristenbüro am Bahnhofsplatz (pl. Dworcowa) noch mit Broschüren sowie Informationen über Privatzimmer versorgt. Allerdings könnte das Büro im Zuge von Sparmaßnahmen schon bald geschlossen werden.

Unterkunft

Łeba verfügt über mehrere Campingplätze und eine große Zahl vorwiegend einfacher Unterkünfte. Wer Komfort liebt, wählt das Hotel Wodnik, ausgestattet mit Sauna und Reitstall, nur 200 m vom Strand entfernt.

Camping Nr. 84 ›Intercamp‹, ul. Turystyczna 6, Tel. 661206, 800 Stellplätze, 10 Miethütten: 12 ha große und gut geführte, doch schattenlose Anlage

Camping Nr. 21 ›Intercamp‹, ul. Turystyczna 3, Tel. 661380, 200 Stellplätze: Kleiner und schattiger, doch nicht so großzügig angelegt wie Nr. 84; nur wenige Minuten von der Ostsee entfernt

Hotel Wodnik, ul. Nadmorska 10, Tel. 661366, Fax 661542, mittlere Preisklasse

Hotel Kowelin, ul. Nad Ujściem 6, Tel. 661440, 24 Zimmer und Appartements, mittlere Preisklasse

Hotel Morski, ul. Morska 1, Tel. 661468, 10 Zimmer, untere Preisklasse

PTTK-Haus, ul. 1 Maja 6 / ul. Kościuszki 66, Tel. 661324, 28 Zimmer, untere Preisklasse

Jugendherberge, ul. Turystyczna 1, Tel. 661435, 120 Betten, 15.5.-15.9. geöffnet: unterer Standard

Essen und Trinken

Akzeptabel speisen läßt es sich in den Hotelrestaurants von Wodnik, Morski und Kowelin. Wer jedoch kaschubische Spezialitäten probieren möchte, sollte der Bauerngaststätte Słowińska einen Besuch abstatten – in den Sommermonaten ist der Andrang oft so groß, daß es ratsam ist, sich schon im voraus einen Tisch reservieren zu lassen. Einheimische findet man auch in der Bar Słoneczny, wo mittlerweile mehr als 15 Gerichte zur Auswahl stehen.

Restaurant Karczma Słowińska, ul. Kościuszki 28, Tel. 661414, mittlere Preisklasse

Bar Słoneczny, ul. Nadmorska 1, Tel. 661390, untere Preisklasse

Kaschubische Schweiz

Laut Legende haben Riesen die kaschubische Landschaft geschaffen. Wahllos warfen sie Lehmklumpen zu Boden, kübelweise schütteten sie Wasser aus. Es entstanden zahllose Seen, eingebettet zwischen hoch aufgetürmten Hügeln.

Wer sich nicht mit Legenden begnügen möchte, befragt die Geologen. Die Landschaft Kaschubiens, so ist von ihnen zu erfahren, wurde in der letzten Eiszeit geformt. Zurückweichende Gletscher schoben Erd- und Geröllwälle vor sich her, die nach Abfließen der Schmelzwasser als Hügelketten zurückblieben. Auf einer Fläche von nur 3000 km^2 liegen über 1000 Seen: tiefe, langgestreckte Rinnenseen und weitausladende Gewässer, die als ›kleine Meere‹ bezeichnet werden. Ohne Zweifel gehört die Seenplatte zu den schönsten Gegenden Polens, wird deshalb immer häufiger von Touristen besucht.

Ihren Namen verdankt die Region den *Kaschuben*, einem westslawischen Volksstamm mit eigenen Sitten und Bräuchen. Im Roman *Die Blechtrommel* legt Günter Grass einem alten Mütterchen die Worte in den Mund, die Kaschuben hätten zwischen Deutschen und Polen immer wie zwischen »Hammer und Amboß« gelebt – den einen waren sie zu wenig deutsch, den anderen zu wenig polnisch. Ihre Zahl wird heute auf 220.000 geschätzt.

Sie sprechen einen polnischen Dialekt, der mit deutschen Lehnwörtern durchsetzt ist, haben eine eigene Literatur und Musik geschaffen.

Vom Hauptort Kartuzy führt die 22 km lange ›kaschubische Straße‹ entlang mehrerer Seen durch den landschaftlich schönsten Teil der Region. Erste Station ist der Ort Chmielno am Kłodno-See, danach erreicht man über die malerischen Dörfer Brodnica und Ostrzyce den Wieżca (Turmberg), mit 329 m höchster Hügel des europäischen Tieflands, umgeben von dichten Wäldern. Südlich von Kościerzyna befindet sich das Freilichtmuseum von Wdzydze.

Unterkunft

Unterkunftsprobleme gibt es in der Kaschubischen Schweiz nicht; Pensionen und Privatzimmer werden z.B. in Kartuzy, Kościerzyna, Zawory und Wieżyca angeboten.

Kartuzy (Karthaus)

Die heimliche Hauptstadt Kaschubiens liegt inmitten herrlicher Wälder an den Seen Klasztorne und Karczemne. Benannt ist sie nach den Karthäusermönchen, die hier 1381 das Kloster Marienparadies erbauen ließen. Die Mönche waren mehr dem Jenseits als dem Diesseits zugewandt, durch Memento-Mori-Symbole ließen sie sich beständig an die Vergänglichkeit des Lebens erinnern.

1826 wurde ihre Gemeinde von Preußen aufgelöst, es entstanden erste weltliche Ansiedlungen.

Kaschubische Landschaft

Die Klosterkirche darf heute wieder besichtigt werden. Ihr Innenraum ist düster, das Dach in der auffälligen Form eines Sarges gestaltet. Das dunkle Chorgestühl zieren feingemeißelte Skulpturen; bemerkenswert ist der vergoldete Aufsatz des Holzaltars (1444), eine Darstellung der Krönung Marias.
Die Kirchenvisite läßt sich verknüpfen mit einem Besuch des Kaschubischen Museums. Ungewöhnliches Kunsthandwerk wird hier präsentiert: Teufelsgeigen und Töpferwaren, Webstoffe und Stickereien, Vogelscheuchen, Masken und Skulpturen. Wer an einer deutschsprachigen Führung teilnehmen möchte, wende sich an den Kurator.

☞ **Touristenbüro**, ul. Kościerska 1, Tel. 058-810378

Unterkunft

Hotel Rugan, ul. 3 Maja 9, Tel. 811635, 22 Zimmer, untere Preisklasse

Museum

Ethnographisches Museum, ul. Kościerska 1, Tel. 810386, Di-Fr 9-16, Sa 9-15, So 10-14 Uhr

Chmielno (Ludwigsdorf)

Von dem Wort ›Hopfen‹ (polnisch *chmiel*) stammt der Name dieser knapp 1400 Einwohner zählenden Ortschaft. Hier, so heißt es in einer kaschubischen Legende, lebten einmal zwei junge Leute, die einander liebten und den innigen Wunsch verspürten zu heiraten. Doch da gab es ein Hindernis: Das Mädchen kam aus ärmlichen Verhältnissen, der Knabe war Sohn eines reichen Bau-

ern. Als dieser sich einer Ehe widersetzte, ertränkte sich das Mädchen – der Junge starb kurz darauf an gebrochenem Herzen. Die Geliebten wurden zur Rechten und Linken der Kirche beerdigt. Aus ihren Gräbern wuchsen alsbald kräftige Hopfentriebe, die sich an den Kirchenmauern emporrankten, über dem Turm miteinander verbanden und als herrliche Blume erblühten.
Bekannt ist der Ort heute vor allem dank einer Familie, die sich seit nunmehr neun Generationen der Töpferkunst widmet. Familie Necel stellt Keramik her, die sie mit phantasievollen Ornamenten verziert. Neben ihrer Werkstatt wurde 1993 ein Ausstellungsraum eröffnet, in dem die schönsten Krüge und Vasen, Teller und Becher besichtigt werden können.
Südwestlich des Ortes liegt der 16 km lange und 850 ha große Jezioro Raduńskie (Radaunen See), ein Eldorado für Wassersportler und Angler. Kanuten starten zu Ausflügen auf dem Radunia-Fluß, der durch wilde Schluchten führt und mehrere Seen durchfließt.

Unterkunft

Gästehaus Wodnik, Zawory 20, 5 Zimmer, Tel. 058-819511
Jugendherberge, 24 Betten, unterer Standard, nur geöffnet 1.7.-31.8.

Essen und Trinken

Restaurant U Czorlińskiego, ul. Gryfa Pomorskiego 68, Tel. 842278

Museum

Museum Kaschubischer Keramik, ul. Fr. Necla 1, Tel. 842289

Sianowo

10 km nordwestlich Kartuzy befindet sich ein berühmtes Mariensanktuarium. Die religiöse Verehrung gilt einer volkstümlichen Muttergottes-Skulptur aus dem 15. Jahrhundert. Am 3. Mai, dem Tag Mariä Krönung, und am 15. August, dem Tag ihrer Himmelfahrt, strömen Tausende von Pilgern in diesen Ort, inbrünstige Frömmigkeit paart sich mit Kirmesatmosphäre.

Żukowo (Zuckau)

Der Ort liegt 11 km östlich von Kartuzy, im Jahr 1209 wurde er von Nonnen des Prämonstratenserordens gegründet. An die Klosterkirche aus dem 13. Jahrhundert ist ein Museum angeschlossen, in dem liturgisches Kunsthandwerk ausgestellt wird. Gleichfalls sehenswert ist die Sammlung kaschubischer Stickereien: Decken und Tücher, vielfarbig mit Blumenmotiven geschmückt.

Museum

Pfarrmuseum, ul. Klasztorna 18, Tel. 058-818242, tgl. außer Mo 9-16 Uhr

Wdzydze

Über die Kleinstadt Kościerzyna (Berent) erreicht man das Nordufer des Wdzydze-Sees, der kreuzförmig in die Landschaft ausgreift. Im Ort gleichen Namens befindet sich Polens ältestes Freilichtmuseum (1908). Zeugnisse traditioneller Bauweise werden hier vorgestellt, strohgedeckte Holzhäuser mit Laubengang und Ziergiebel, Windmühlen und eine wertvolle Holzkirche. Wer die 300 Jahre alte Kapelle betritt, fühlt sich in vergangene bäuerliche Welten zurückversetzt. Mit Blumenornamenten sind Decke und Wand verziert, an kirchlichen Feiertagen überspannen Girlanden den Raum. Während des Wdzydzer Jahrmarkts im Juli läßt sich kaschubische Kultur am kraftvollsten erleben: Folkloreensembles spielen zu wilden Weisen auf, Bauerntheater präsentieren neue und alte Stücke und an bunten Ständen werden kaschubische Spezialitäten serviert.

Unterkunft

Gästehaus Pod Niedźwiadkiem, Wdzydze Kiszewskie, Tel. 058-861285, 50 Zimmer, untere Preisklasse

Museum

Kaschubisches Freilichtmuseum, Wdzydze Kiszewskie, Tel. 861288, tgl. außer Mo 9–16 Uhr

Brusy-Jaglie

Im äußersten Süden Kaschubiens, etwa 40 km südöstlich von Bytów, lebt und arbeitet der Bildhauer und Maler Józef Chełmowski. Wer seinen Garten betritt, fühlt sich in eine andere Welt versetzt. Bienenstökken aus jahrhundertealten Baumstämmen wurden großäugige Gesichter eingekerbt, wie aufgereihte Geister wirken sie in diesem Garten. In drei Gebäuden werden bizarre Skulpturen und naive Glasmalereien ausgestellt, außerdem Sammelobjekte von kaschubischen Bauernhöfen.

Bytów (Bütow)

Die westkaschubische Stadt liegt am Westrand der Seenplatte und ist von Wäldern umschlossen. Weithin sichtbar ist die Burg des Deutschen Ordens (erbaut 1399–1405), die auf einem Hügel über dem Fluß thront. Als westlicher Grenzposten des Kreuzritterstaates war sie nach dem Vorbild der Marienburg angelegt. Der Innenhof mit Haupthaus ist von hohen Mauern flankiert, die drei Ecktürme sind durch einen Wehrgang verbunden. Die Burg birgt heute ein kaschubisches Museum mit einer reichen Sammlung naiver Gemälde und Holzskulpturen; in einem Seitenflügel gibt es einfache Unterkünfte. Sehenswerter als die Kirchen am Marktplatz ist die Georgskapelle im Südwesten der Stadt, deren barocker, volkstümlicher Ausstattung sie den Beinamen *Kaschubische Kirche* verdankt. Sie wird seit 1945 von Anhängern des orthodoxen Glaubens genutzt.

Das Flußtal der Słupia 10 km nördlich der Stadt ist seit Anfang der 80er Jahre Naturschutzgebiet. Hier brü-

Folgende Seite:
Folkloreveranstaltung im Kaschubischen Freilichtmuseum

ten Seeadler und Schwarzstorch, der Kiefernwald ist Lebensraum für Wildschwein, Reh und Hirsch. Die Słupia durchfließt mehrere Seen und ist bei Kajakfahrern beliebt. Der Fluß passiert Słupsk und mündet bei Ustka in die Ostsee.

Unterkunft
Hotel Zamek, ul. Zamkowa 2, Tel. 05972-2094, 29 Zimmer, mittlere Preisklasse
Hotel Dom Sportowa, ul. Mickiewicza 13, Tel. 2257, 20 Zimmer, untere Preisklasse

Lębork (Lauenburg)

An die mittelalterliche Ordensstadt erinnern heute nur noch die Wehrmauern mit Basteien und Türmen, Ruinen der Ritterburg und der Kirche am Marktplatz. Das städtische Leben konzentriert sich auf die Staromiejska-Straße mit neuentstandenen Pizzerien, Cafés und kunsthandwerklichen Galerien. Die Umgebung der Stadt ist älteren Deutschen noch als »blaues Ländchen« bekannt, besonders schön ist der von Wäldern umgebene Lubowidzkie-See.

Unterkunft
Hotel Miejski, ul. 10 Marca 9, Tel. 059-621903, 41 Zimmer, mittlere Preisklasse
Jugendherberge, ul. Kossaka 103, Tel. 621905, 70 Betten, nur geöffnet 1.7.-31.8., unterer Standard

Wejherowo (Neustadt)

20 km nordwestlich von Danzig gelegene Stadt. Ihr Begründer, der Adlige Jakob Weiher, ließ im 17. Jahrhundert auf den südlich angrenzenden Hügeln einen Kreuzweg anlegen, bestehend aus 26 unterschiedlich gestalteten Kapellen. Vorbild war der Kalvarienberg von Jerusalem. Vor allem zu Ostern, wenn hier die Mysterienspiele aufgeführt werden, erwacht der Ort zu hektischem Leben: vom Abendmahl bis zur Kreuzigung wird Bibelgeschichte in Szene gesetzt, fromme Christen nehmen teil am Kreuzweg Jesu Christi. Der aus fränkischer Familie stammende Magnat stiftete auch ein Kloster für reformierte Franziskaner, gleichfalls ein barockes Meisterwerk.

Museum
Wer sich für kaschubische Kultur interessiert, wird im Regionalmuseum fündig. Hier werden Literatur und Musik der slawischen Volksgruppe vorgestellt.
Regionalmuseum, ul. Jana Sobieskiego 239, Tel. 058-722956, tgl. außer Mo 10–14 Uhr

Krokowa (Krockow)

An stürmischen Herbsttagen galoppiert eine wilde Gestalt über die Felder, ihr zur Seite ein riesiger schwarzer Hund. »Es ist der verrückte Graf«, raunt man den Kindern zu, »auferstanden, um Unheil über uns zu bringen.« Mit gemischten Gefüh-

Ursel Habermann

Sagt mir, wer sind die Kaschuben?

Da sitze ich mitten in der Kaschubei, in der es so viele Störche gibt wie anderen Orts Mastgänse, soviele Wacholder wie Pilze und Sand, soviele Hügel und Täler wie Seen, und heute abend treibt sogar der Mond doppelt im Herbstgewölk.

Reisender in einem kaschubischen Dorf

»Sag mir, was ist ein Kaschube?« frage ich und erzähle die Geschichte vom Fischer auf Borkum, der laut brüllte, damit es auch alle hörten: »So ein Kaschube!« als sein Sohn einen riesigen Fang mit nach Hause brachte. Erzähle auch von meiner Großmutter, die halb lachend, halb fluchend »Du kleiner Kaschube« schimpfte und mit dem Wäscheknüppel hinter mir herrante, als ihr die Kirschen auf der Torte abhanden gekommen waren.

»Sag mir, wer sind die Kaschuben?« Aber nimand hier scheint mich verstanden zu haben. Ich sage: »Na gut, dann finde ich es selbst heraus.« Unruhe in den Blicken hin und her.

»Oh,« sagt Bolek, »das ist gefährlich.« »Wieso das?« frage ich. »Sie sind eine Kreuzung zwischen Teufel und Dorsch,« sagt Piotr, »aber erzähl' es nicht weiter.« »Wenn sie das Maul auftun, sieht man ihren schwarzen Rachen,« sagt Marek und legt die Hand auf Piotrs Mund.

»Ich bin ordentlich wie ein Kaschube« sagt Bolek und sieht sich herausfordernd um. »Ich bin nachdenklich wie ein Kaschube,« sagt Piotr und sieht mir krauser Stirn auf Mareks Hand. »Ich bin humorvoll wie ein Kaschube,« sagt Marek schuldbewußt und macht ein Kondolenzgesicht. Ich lache. »Wenn es sie nicht schon gäbe, müßte man sie erfinden!« »Sei du ganz vorsichtig mit deiner Ulanenphantasie, du weißt, wie man so ist,« sagt Bolek: »Mach den Mund nicht so weit auf!«

aus: Mit Fischen leben..., Bremen 1989

Bauernhaus auf dem Lande

len betrachten die Bewohner Krokowas, einer der ältesten Ansiedlungen Kaschubiens, die Verwandlung des Dorfes. Binnen weniger Jahre wurde das angegraute Schloß am Rande des Orts mit bundesdeutschen Mitteln aufpoliert, aus dem Landwirtschaftsinstitut wurde eine prachtvolle Residenz. Seit 1993 ist das Schloß »Kaschubisches Zentrum europäischer Begegnung« (Kaszubskie Centrum Spotkań Europejskich) mit luxuriösem Hotel, Restaurant und Weinkeller. Wenn Konzerte, Vorträge oder Konferenzen angekündigt sind, rollt eine Karawane von Autos westlicher Bauart durch das Dorf, ihre Kennzeichen sind deutsch oder polnisch.

Das Schloß wurde sorgfältig restauriert und zeigt sich nun in seiner ursprünglichen barocken Gestalt. Wände und Decken sind mit farbigen Fresken bemalt, Öfen mit flämischen Fayencen geschmückt; ausgesuchtes Antik-Mobiliar beschwört den Geist vergangener Zeiten. Gut kann man sich vorstellen, wie hier die polnischen Könige Sigismund III. Wasa und Jan III. Sobieski der Muße huldigten. Auch die Philosophen Kant und Fichte haben hier einige Zeit verbracht – zu Diensten der gräflichen Herrschaft.

Rings um das Schloß breitet sich ein acht Hektar großer, romantischer Park aus, in dem man zuweilen Reitern begegnet. Sie mögen vom Gestüt Białogóra aufgebrochen sein, das nur wenige Kilometer entfernt liegt. Im Sommer kann man dort Pferde entleihen, im Winter stehen Schlitten bereit, um Gäste in verschneite Landschaften zu entführen.

Für alle, die mit dem Auto unterwegs sind, lohnt eine Fahrt 8 km westwärts zum Klosterkomplex **Żarnowiec**, dessen Ursprünge bis ins 13. Jahrhundert zurückreichen. Beliebt ist vor allem der Besuch der Schatzkammer (Skarbiec) mit kostbaren liturgischen Gewändern. Anschließend empfiehlt sich die Fahrt nordwärts zur Küste. Wo die Piaśnica in die Ostsee einmündet, entstand das Dorf **Dębki**, das heute vor allem bei Künstlern beliebt ist.

Unterkunft

Kulturzentrum Krockow (Centrum Kultury Krokowa), ul. Zamkowa 1, 84110 Krokowa, Tel. 058-737706, Fax 737638, mittlere Preisklasse
Gestüt Białogóra, Stadnina Koni Białogóra, 84113 Wierzchucino, Tel./Fax 058-738969

Jastrzębia Góra (Habichtsberg)

An Steilküsten bildet sich Stoff für Märchen und Sagen. Küstenbewohner, heißt es, entzündeten lodernde Feuer, lockten Schiffe an, auf daß sie an den Klippen zerschellten und die Wracks freistünden zur Plünderung. Heute ist dem 30 m hohen Steilhang von Jastrzębia Góra ein heller Sandstrand vorgelagert, gespenstische Assoziationen wollen sich nicht einstellen. Zwischen dem Ersten und dem Zweiten Weltkrieg entstand hier ein mondäner Badeort, für die neue Elite Polens wurden hübsche Sommervillen gebaut. Der Aufzug, der den Ort mit dem Strand verband, soll nach dem Willen des Bürgermeisters schon bald wiedererrichtet, Moorschlamm und Mineralquellen sollen therapeutisch genutzt werden.
Eine besondere Attraktion stellt der nahegelegene Leuchtturm **Kap Rozewie** dar. Er befindet sich am nördlichsten Punkt Polens, wo das Kliff von tiefen Tälern durchschnitten ist. Der polnische Dichter Stefan Żeromski verbrachte hier viele Jahre seines Lebens, in seinem Roman ›Wind vom Meer‹ finden sich lyrische Beschreibungen der Küstenlandschaft. Ein kleines Regionalmuseum gibt Aufklärung über den bekannten Autor.

☞ **Touristenbüro**, ul. Królewska 5, Tel. 058-749683

Unterkunft

Hotel Longinus, ul. Derdowskiego 17, Tel. 749049, Fax 749048, 30 Zimmer, mittlere Preisklasse: alle Zimmer mit Satellitenfernsehen, der Strand liegt 250 m entfernt; Kutschenfahrten, Reitstunden im angeschlossenen Gestüt
Hotel Royal, ul. Topolowa 18, Tel. 749146, 17 Zimmer, mittlere Preisklasse: komfortables 3-Sterne-Hotel
Gästehaus Romana, ul. Słowackiego 5, Tel. 749745, Fax 749746, mittlere Preisklasse: alle Zimmer und Appartements modern eingerichtet, Entfernung zum Strand 100 m
Gästehaus Admirał, ul. Rożewska 42, Tel. 749153, 96 Zimmer, untere Preisklasse
Camping Nr. 60, ul. Rożewska 9, Tel. 749095, 92 Stellplätze: 2 ha große Anlage zwischen Steilküste und Straße

Museum

Leuchtturmmuseum (Muzeum Latarnictwa Polskiego), ul. Leona Wzorka, Rozewie, Tel. 749542

Von »Meerestränen« und »Sonnensplittern« - der Bernstein

Viele Namen und Bezeichnungen kennt man für das »Gold des Nordens«, dessen Herkunft lange Zeit unbekannt war.

Es handelt sich dabei um das Harz urzeitlicher Nadelbäume, dessen Tropfen ins Erdreich oder ins Wasser fielen, dort von der Luft abgeschlossen waren, so daß das zähflüssige Harz schließlich versteinerte. Teilweise wurden dabei kleine Tiere oder Pflanzenteile, die sogenannten Inklusen, eingeschlossen. Der baltische Bernstein aus der Ostsee, der sich durch eine besonders schöne Färbung auszeichnet, ist 40 bis 50 Millionen Jahre alt.

Bereits aus der Steinzeit stammen die ersten Zeugnisse von zu Schmuck- und Kultzwecken bearbeitetem Bernstein. In der Glanzzeit des Römischen Imperiums war er einer der beliebtesten Schmucksteine, reiche Römer scheuten weder Kosten noch Mühen, um den Luxusartikel auf den sogenannten »Bernsteinstraßen« vom Baltikum ans Mittelmeer transportieren zu lassen. Im Mittelalter, als Bernstein vor allem bei der Herstellung von Rosenkränzen und Devotionalien Verwendung fand, bildete sich ein landesherrliches Eigentumsrecht am Bernstein, das sogenannte Bernstein-Regal, heraus, das die Monopolstellung des betreffenden Landesherrn im Bernsteinhandel sicherte: Für unbefugtes Sammeln drohte bis ins 19. Jahrhundert hinein die Todesstrafe. Das Regal ging von den Herzögen von Pommerellen auf den Deutschen Orden und von diesem 1525 auf die Herzöge von Preußen über.

Im Barock erlebte die Bernsteinkunst eine zweite Blüte, nicht nur Schmuckstücke, sondern komplette Innenausstattungen wurden aus diesem Material gefertigt - das berühmteste Beispiel ist wohl das »Bernsteinzimmer«. Friedrich Wilhelm I. von Preußen schenkte das ursprünglich für das Berliner Stadtschloß angefertigte Kunstwerk 1716 dem russischen Zaren Peter dem Großen. Die Faszination dieses einzigartigen Kunstwerkes, dessen Spuren sich in den Wirren des Kriegsendes 1945 in Königsberg verlieren, verleitet bis heute moderne »Schatzsucher« zu Spekulationen und Expeditionen.

Bernstein findet sich überall an der Ostseeküste, vor allem in Polen und im Baltikum. Eines der Hauptzentren der Bernsteinverarbeitung ist bis heute Gdańsk/Danzig. Für den Touristen ist es zweifellos reizvoll, sich auch selbst auf die Suche zu machen. Eine reelle Chance hat man aber nur nach den schweren Stürmen im Frühjahr oder Herbst, wenn die Stücke, vom Meeresgrund aufgewirbelt, zwischen Muschelschalen, Holzstückchen und anderem Strandgut angespült werden. Und wer selbst nicht fündig wird, kann sicher ein schönes Erinnerungsstück in einer der zahlreichen Verkaufsstellen erwerben.

Dabei gilt es einige Hinweise zu beachten: Die Färbung des Bernsteins reicht von durchsichtigem gelb bis dunkelbraun, bei den wolkigen Trübungen handelt es sich um eingeschlossene Luftbläschen. Der Wert der Stücke bemißt sich nach Klarheit des Steins und Schönheit bzw. Seltenheit der Einschlüsse.

Vorsicht bei allzu regelmäßig geformten Steinen – manchmal werden Schmuckstücke aus gepreßtem Bernsteinstaub angeboten, oder aus Kunstharz, in das zur Erhöhung des Reizes Bernsteinsplitter eingegossen sind. Echter Bernstein schwimmt in stark salzhaltiger Lösung und lädt sich statisch auf, wenn man ihn an Seide, Kunststoff oder Wolle reibt. Zudem ist Bernstein ein relativ weiches Material und läßt sich mit einer Nadel ritzen – am Andenkenkiosk ist diese Probe wohl jedoch nicht ratsam! Ebenfalls abzuraten ist vom Feuertest: Bernstein ist nämlich brennbar. Sein Name ist sogar vom niederdeutschen bernen = brennen abgeleitet, was wohl auf die ihm zugeschriebenen medizinischen Wirkungen zurückgeführt werden kann. Beim Verbrennen verfärbt er sich schwarz, der Rauch duftet eigenwillig aromatisch; man versprach sich davon Hilfe gegen böse Geister.

Das Tragen von Bernsteinamuletten soll gegen Zahnschmerzen, Rheuma und zahlreiche andere Krankheiten helfen – auch dies ein »guter Grund«, sich vom goldgelben Schimmer faszinieren zu lassen und ein Stückchen Sonne vom Ostseestrand mit nach Hause zu nehmen.

Danzig und Umgebung

Gdańsk (Danzig)

Reich an Fotomotiven ist die ehemalige Hanse- und Handelsstadt, »täuschend alt und unwirklich schön« (Röhl). Jährlich kommen mehr Touristen hierher, um an der Mottlau zu flanieren und die Patrizierhäuser im restaurierten Teil der Stadt zu bewundern. Sie wandeln auf den Spuren von Arthur Schopenhauer und Martin Opitz, von E.T.A. Hoffmann und Joseph von Eichendorff.

Dunkle Giebel, hohe Fenster,
Türme tief aus Nebeln sehn,
Bleiche Statuen wie Gespenster
Lautlos an den Türen stehn.

An diese Worte Eichendorffs, der mehrere Jahre in der Brotbänkengasse lebte, mögen sich Besucher erinnert fühlen, die durch die Gassen rings um die Marienkirche schlendern - freilich nur am Abend, denn tagsüber erwacht die Stadt zu wildem, quirligem Leben. Das geschäftige Treiben konzentriert sich auf die sogenannte Rechtstadt (Główne Miasto), die mit Königstrakt, Langem Markt und Kathedrale das repräsentative Herzstück der Stadt bildet. Nördlich des Zentrums schließt sich die Altstadt an, wesentlich älter als die Rechtstadt und slawischen Ursprungs (Stare Miasto). Südlich liegt die Alte Vorstadt (Stare Przedmieście), diese hat sich stets außerhalb der Wehrmauern befunden.

Geschichte

Danzig ist mit den einst selbständigen Orten Zoppot und Gdingen zur »Dreistadt« verschmolzen, die sich 35 km an der Küste entlangzieht und in der 800 000 Menschen leben. Blickt man zurück auf die geschichtliche Entwicklung Danzigs, so war diese stets von der günstigen geostrategischen Lage geprägt.
Unter dem Deutschen Orden (1308-1454) rückte die Stadt zum zentralen Handelsplatz der Bernsteinküste auf. 1361 wurde sie Mitglied der Hanse, 1440 Mitglied des Preußischen Bundes. 1454 erhoben sich die Danziger Städter gegen den Deutschen Orden, versprachen sich größeren wirtschaftlichen Freiraum vom Anschluß ans polnische Königreich. Von König Kazimierz IV. erwarben sie wichtige Privilegien, so das Monopol auf Getreide- und Holzhandel, später auch das Recht auf freie Religionsausübung. Die Stadt schwang sich auf zur ›Königin der Ostsee‹, dominierte den Warenverkehr Osteuropas. Kaufleute ließen sich Backsteinpaläste bauen, italienische und flämische Künstler schufen eine an Antwerpen und Amsterdam erinnernde Stadt. 1793 fiel Danzig an Preußen, erlangte erst nach dem Ersten Weltkrieg Autonomie. Als ›Freie Stadt‹ war sie mit Polen in Zollunion verbunden, in ihrer großen Mehrheit aber (über 90%) war sie von Deutschen bewohnt. Mit dem Regierungsantritt Hitlers ver-

Linke Seite: Blick auf den Rechtstädtischen Markt

schärften sich die Spannungen zwischen Deutschland und Polen. 1939 lehnte die polnische Regierung das Ansinnen Hitlers ab, Polens Westgrenze einzig unter der Bedingung zu garantieren, daß die Stadt Danzig an das Deutsche Reich abgegeben und dem Bau einer exterritorialen Eisen- und Autobahn zwischen Pommern und Ostpreußen zugestimmt würde. Die ›Danzigfrage‹ bot Hitler Anlaß zur Intervention: Mit dem Angriff auf die Westerplatte am 1. September 1939 begann der Zweite Weltkrieg.

Gdańsk, kugeldurchbohrt vom Krieg,
irrzerfetzte Rose,
zwischen deinem Meeresruch
und dem hohen fahlen Himmel
ging ich inmitten deiner Ruinen einher,
ein Gespenst unter Gespenstern,
zwischen Trümmern von orangenem Silber.
Eindrangen die Nebel mit mir,
die eisigen Schwaden,
und umherschweifend
entwirrte die Straßen ich,
die häuserlosen, menschenlosen.

(Pablo Neruda, aus:
Die Ruinen am Baltischen Meer)

Mehr als die Hälfte aller Wohnhäuser Danzigs wurde im Krieg zerstört. Die Stadt wurde polnisch, die neuen Bewohner kamen aus den an die Sowjetunion abgetretenen Gebieten im Osten des Landes. Ihnen oblag der Wiederaufbau der Stadt, alten Stichen und Fotografien wurde sie ›nachgebildet‹.

Ein Denkmal vor der größten Werft Polens, der einstigen *Lenin-Werft*, erinnert an politische Einschnitte der Nachkriegszeit. Drei Kreuze gemahnen an die Opfer der Revolten der Jahre 1956, 1970 und 1980. Hatten sich die Unruhen bis 1970 vor allem gegen die Wirtschaftspolitik der Polnischen Vereinigten Arbeiterpartei gerichtet, so stand 1980 der Kampf um politische Reformen im Mittelpunkt. Unter Führung des Danziger Elektrikers Lech Wałęsa erkämpften die Werftarbeiter das Recht auf Gründung der freien Gewerkschaft Solidarność, die den Sturz der sozialistischen Regierung einleitete.

Das »Goldene Tor«

Rundgang

Die Straßen Długa und Długi Targ (Langgasse und Langer Markt) bilden die Achse der Danziger Rechtstadt. Sie werden als **Königsweg** bezeichnet: Polnische Monarchen betraten die Stadt am liebsten durch das **Goldene Tor** (Złota Brama), das im 17. Jahrhundert im Stil der italienischen Renaissance erbaut wurde. Die Langgasse ist mit schmalen

An der Mottlau

Kaufmannshäusern geschmückt und führt geradewegs zum prachtvollen **Rechtstädtischen Rathaus**. Die Figur auf der Turmspitze stellt den polnischen König Zygmunt August dar, dem das Danziger Bürgertum viele Privilegien verdankte. Den Innenräumen des Rathauses wurde um 1600 eine prachtvolle Ausstattung zuteil. Sie wurde während des Zweiten Weltkriegs ausgelagert und konnte so vor der Zerstörung bewahrt werden. Heute ist in den vorbildlich rekonstruierten Räumen ein Museum für Stadtgeschichte eingerichtet. Die Fotodokumentation veranschaulicht die Arbeit der Restaurateure nach 1945, ihr Bemühen, die zerstörte Rechtstadt möglichst originalgetreu wiedererstehen zu lassen. Vom Turm hat man einen großartigen Panoramablick auf die Stadt.

Hinter dem Rathaus mündet die Langgasse in den Langen Markt mit barockem Neptunbrunnen. Zur Linken der Artushof aus dem 15. Jahrhundert, in dem sich einst die Kaufleute Danzigs zu geselligem Beisammensein trafen. Der flämische Architekt Abraham van den Blocke schuf die Fassade im Renaissancestil, die geräumige Halle ist mit gotischem Kreuzrippengewölbe überdacht. Zur Rechten schließen sich weitere elegante Patrizierpalais an: Neben dem Schöffenhaus erstrahlt die Złota Kamienica, das Goldene Haus, mit einer besonders interessanten, von Schlachtenszenen verzierten Fassade.

»Gutes Brot für gute Arbeit« – Lech Wałęsa und die Solidarność

Leszek (Lech) Wałęsa, geboren am 29.9.1943 in Popowo (Wojewodschaft Bydgoszcz/Bromberg) als Sohn einer Bauernfamilie, kam 1967 nach Gdańsk – die Stadt wurde wegen ihrer Werftindustrie oft als Polens »Tor zur Welt« bezeichnet. Der Elektromonteur Wałęsa, der sich bereits bei den durch Preiserhöhungen ausgelösten Demonstrationen 1970 politisch engagiert hatte, beteiligte sich 1977/78 an der Gründung einer »Freien Gewerkschaft des Küstengebiets«. Aus diesem Grunde wurde er 1978 von der Leitung der Lenin-Werft entlassen.

1980 kam es erneut zu Unruhen unter den Werftarbeitern: Am 14. August trat die Belegschaft der Lenin-Werft in Streik und besetzte den Betrieb. Ein von dem damals noch unbekannten Wałęsa geführtes überbetriebliches Streikkomitee der Danziger Arbeiter legte der Regierung den sogenannten 21-Punkte-Katalog vor, in dem grundlegende Wirtschaftsreformen und eine gerechtere Entlohnung, Presse- und Versammlungsfreiheit sowie ein größeres Maß an innerbetrieblicher Mitbestimmung verlangt wurden. Hauptforderung war jedoch die Zulassung freier, unabhängiger Gewerkschaften. Nach Gesprächen zwischen einer Regierungskommission und dem Streikkomitee wurde am 31. August 1980 das »Danziger Abkommen« unterzeichnet, ein für sozialistische Staaten beispielloser Vorgang, da die Regierung damit offiziell einen Vertrag über grundlegende wirtschaftliche und soziale Reformen einging. Die neugegründete Gewerkschaft Solidarność (Solidarität), zu deren Vorsitzendem Wałęsa gewählt wurde, hatte innerhalb kürzester Zeit mehr als neun Millionen Mitglieder in ganz Polen. Eine der Forderungen der Streikenden war die Errichtung eines Denkmals für die Opfer des blutig niedergeschlagenen Protestes im Dezember 1970 gewesen: Am 16.12.1980 wurde vor dem Haupttor der Lenin-Werft, der heutigen Stocznia Gdańska (Danziger Werft), eine der eindruckvollsten Gedenkstätten Polens aus neuerer Zeit eingeweiht. Bei der feierlichen Enthüllung waren Vertreter der unabhängigen Gewerkschaft, der Armee, der Regierung und der katholischen Kirche anwesend. Drei geschmiedete, fast fünfzig Meter hohe Kreuze, an denen schwere Anker befestigt wurden, deren Tauenden zu einem symbolischen »S« verschlungen sind, erinnern nun an die getöteten Arbeiter.

Am 13.12.1981 wurde in Polen das Kriegsrecht ausgerufen: Die Lenin-Werft wurde für mehrere Wochen geschlossen, die Solidarność verboten. Lech Wałęsa wurde bis November 1982 unter Hausarrest gestellt. Das Kriegsrecht blieb bis zum 22. Juli 1983 bestehen; danach versuchte die Regierung, die »alten Verhältnisse« wiederherzustellen, dabei aber gleichzeitig durch Amnestien und Reformangebote die unruhige Bevölkerung zu befriedigen.

Das Denkmal vor der Danziger-Werft

Auch wenn dies zunächst einen herben Rückschlag für die unabhängigen Reformbewegungen bedeutete, ließ sich die Entwicklung nicht mehr aufhalten. Am 5. Oktober 1983 erhielt Lech Wałęsa den Friedensnobelpreis »als Exponent der aktiven Sehnsucht nach Frieden und Freiheit«. 1988 gingen erneut Streiks von der Lenin-Werft aus, die bald ganz Polen erfaßten. Die Solidarność zwang die Regierung, sie als Gesprächspartner ernstzunehmen, und erreichte im »Gesellschaftsvertrag« vom 5. April 1989 die Öffnung Polens zu stärker demokratisch-pluralistischen Strukturen. Die darauffolgenden vorgezogenen Wahlen im Juni 1989 brachten der Solidarność einen überwältigenden Erfolg, der sie zunächst selbst überraschte. Nachdem die Versuche der Kommunisten zur Regierungsbildung an den neuen Mehrheitsverhältnissen gescheitert waren, wurde schließlich Tadeusz Mazowiecki im August 1989 neuer Ministerpräsident Polens. In seiner im September 1989 gebildeten Regierung stellte die Solidarność die Mehrheit. Allerdings blieb mit General Jaruzelski ein Vertreter der »alten« Machthaber Staatspräsident.

Schon bald kam es zu Meinungsdifferenzen unter den Reformern, die zuvor durch den gemeinsamen Gegner geeint worden waren. Im Frühjahr 1990 begann Wałęsa, massive Kritik an der Regierung Mazowiecki zu äußern: die Reformen würden zu langsam durchgeführt, die Regierung sei nicht stark genug. Im Dezember 1990 stellte er sich selbst zur Wahl für das Amt des Staatspräsidenten und wurde – zu seiner Enttäuschung allerdings erst im zweiten Wahlgang – mit 74,25% der Stimmen gewählt. Doch seine vollmundigen Wahlversprechen vermochte er nicht einzulösen, seine Anhängerschaft bröckelte – 1995 mußte er das Amt wieder abgeben.

Der zutiefst religiöse Wałęsa, der sich selbst gern als Laien-Politiker voller Bauernschläue präsentiert, ist wegen seiner populistischen Neigungen und seiner »monarchistischen Attitüden« in Polen nicht unumstritten. Doch auch wenn der – früher manchmal zärtlich »Unser Lechu« genannte – Wałęsa inzwischen stark an Popularität verloren hat, bleibt seine Bedeutung für den Umgestaltungsprozeß Ostmitteleuropas unbestritten.

Am 1568 erbauten Grünen Tor endet der Königsweg, dahinter fließt die Mottlau. Über eine Brücke gelangt man zur Speicherinsel, die jahrhundertelang als ›Goldgrube‹ der Handelsstadt galt: Hier wurden alle aus Polen und aus anderen Erdteilen kommenden Waren gelagert, bevor sie weiterverschifft wurden. Für den Besucher scheint es lohnender, am Grünen Tor links in die Promenade entlang der Mottlau einzubiegen, wo man sich in hübschen Terrassencafés niederlassen oder die Bernsteinauslagen in den Läden betrachten kann. Nacheinander werden Brotbänken-, Frauen- und Heiliggeisttor passiert, durch jedes von ihnen blickt man in ungewöhnlich schöne Gassen, jedes Haus ein kleines Meisterwerk. Wahrzeichen der Stadt ist das backsteinerne Krantor (1443), in dem sich heute das Schifffahrtsmuseum befindet. Werden hier vor allem Meeresflora und -fauna ausgestellt, so kann man in den zugehörigen Speichern auf der gegenüberliegenden Bleihof-Insel (Überfahrt mit museumseigenem Boot) alles entdekken, was mit Hafen und Marine verknüpft ist. Dazu gehören alte Tauchermasken und bizarre Galionsfiguren ebenso wie Gemälde mit Schiffsmotiven und nautische Instrumente. Hauptattraktion sind Reste einer hanseatischen Kogge aus dem 15. Jahrhundert, die beladen war mit den im Museum gezeigten Münzen und Tellern; interessant ist auch die Besichtigung des schwedischen Segelschiffs Solen, das während der Kriegshandlungen im 17. Jahrhundert vor Danzigs Küste auf Grund lief.

Thomas Manns Roman *›Die Buddenbrooks‹* wurde nicht am Originalschauplatz in Lübeck, sondern in Danzig verfilmt. Drehort war die stimmungsvolle **Frauengasse** (ul. Mariacka), die sich vom Frauentor zur Marienkirche erstreckt.

Die hiesigen Kaufmannshäuser sind mit *Beischlägen* geschmückt: erhöhte Terrassen, zu denen breite Freitreppen hinaufführen. Heute sind hier Läden, Cafés und Galerien angesiedelt, Touristen bleiben aufgrund der stark angestiegenen Preise meist unter sich.

Die im 14. und 15. Jahrhundert erbaute **Marienkathedrale** ist die größte gotische Kirche Polens, ein monumentaler Backsteinbau mit dreischiffiger Halle, in dem über 25 000 Menschen Platz finden. Mit privaten Geldern aus der Bundesrepublik wurde die Orgel restauriert, seit 1985 erklingt sie wieder wie in alten Zeiten – ausgestattet mit 3000 Pfeifen und 46 Registern.

Eine besondere Kostbarkeit ist die kürzlich restaurierte astronomische Uhr aus dem Jahr 1470. Sie ist 14 m hoch und bezeichnet nicht nur Tag, Monat und Jahr, sondern auch Mondphasen und Schutzpatrone. Einer Legende zufolge wurden dem Uhrmeister Hans Düringer nach vollbrachter Arbeit beide Augen ausgestochen, damit sein Meisterwerk ›einzigartig‹ bliebe.

Von Hans Memlings Triptychon *Das Jüngste Gericht* können Besucher leider nur die Kopie bewundern – das Original befindet sich im Danziger Nationalmuseum.

Rechtstädtischer Markt

Wer Lust hat, den Rundgang noch ein wenig auszudehnen, geht von der Marienkirche in westlicher Richtung weiter. Über die Trinkgasse (ul. Piwna) gelangt man zum **Zeughaus** am Kohlenmarkt (Targ Węglowy), einem manieristischen Prachtbau, der seiner Restaurierung harrt und vorläufig ein Ensemble von Verkaufsständen birgt. Der Hauptmarkt (Hala Targowa) befindet sich am Dominikanerplatz, von dort ist es nicht mehr weit zur **Katharinenkirche**, einem gotischen Bauwerk aus dem 14. Jahrhundert, neben dem sich das kleine Backsteinhaus zur Rechten verschwindend klein ausnimmt. Einst war es das Armenhaus der Karmelitermönche, heute birgt es ein Buchgeschäft mit ausschließlich englischer Literatur (ul. Podmłyńska 10). Schräg gegenüber die **Große Mühle** aus dem späten 13. Jahrhundert (Wielki Młyn), heute eine moderne Einkaufspassage. Der Rundgang endet an der **Kleinen Mühle** (Mały Młyn) am Kanal Radunie: Eine gemütliche Weinstube lädt zum Verweilen ein.

Folgende Seiten: Blick auf die Marienkirche

Günter Grass - Bürger von Danzig und Gdańsk

In Gdańsk schritt ich Danziger Schulwege ab, sprach ich auf Friedhöfen mit anheimelnden Grabsteinen, saß ich (wie ich als Schüler gesessen hatte) im Lesesaal der Stadtbibliothek... In Gdańsk war ich fremd und fand doch alles wieder: Badeanstalten, Waldwege, Backsteingotik, und jene Mietskaserne im Labesweg...

... jene Mietskaserne im Labesweg in Danzig-Langfuhr (heute Stadtteil Wrzeszcz), in der Günter Grass am 16.10.1927 geboren wurde.

Der Schriftsteller und Graphiker studierte in Düsseldorf und Berlin Bildhauerei, lebte in den Jahren 1956-60 in Paris, danach meist in Berlin (West). Seinen ersten großen Erfolg hatte Grass mit dem Roman »Die Blechtrommel« (1959), dem ersten Teil der später so genannten »Danziger Trilogie«. In diesem grotesk-satirischen Zeit- und Entwicklungsroman, der Geschichte des Blechtrommlers Oskar Matzerath, schildert Grass die Stadt Danzig und ihre Bewohner (Deutsche, Polen, Juden und Kaschuben) vor und während des Zweiten Weltkriegs. Nicht nur in der Bundesrepublik, auch in Polen war der Roman zunächst umstritten: erst 1984 erschien die erste polnische Ausgabe.

Grass' Bedeutung - besonders für die kulturellen Verbindungen zwischen Polen und Deutschland - wird jedoch inzwischen allgemein anerkannt:

Da steckt etwas Östliches in ihm. Nicht zufällig klammert sich Grass an Danzig wie Antäus an die Mutter Erde... Er gibt nicht nur der westdeutschen Literatur Pfeffer und Leben, sondern auch unsrer...

(Adam Krzemiński, Redakteur der Wochenzeitung »Polityka«)

Weitere wichtige Werke des Schriftstellers, teilweise von ihm selbst illustriert: »Katz und Maus« (1961), »Hundejahre« (1963) - 2. und 3. Teil der »Danziger Trilogie« -, »Örtlich betäubt« (1969), »Aus dem Tagebuch einer Schnecke« (1972), »Der Butt« (1977), »Das Treffen in Telgte« (1979), »Die Rättin« (1986), »Zunge zeigen« (1988) und »Ein weites Feld« (1995). 1965 erhielt Günter Grass den Georg-Büchner-Preis.

Vor einigen Jahren wurde Günter Grass - der sich zuweilen selbst als Kaschube, der allerdings seine Muttersprache vergessen habe, bezeichnet hat - zum Ehrenbürger der Stadt Gdańsk ernannt.

Wie macht die Ostsee? – Blubb, pifff, pschsch...
Auf deutsch, auf polnisch: Blubb, pifff, pschsch...

(aus dem Gedicht »Kleckerburg«)

Ausflüge

Die halbkreisförmige Danziger Bucht ist ein idealer Naturhafen. Im Süden wird er von Weichseldelta und Frischer Nehrung, im Westen von den Hügelketten Pommerellens und Kaschubiens umgrenzt. Im Nordwesten ragt die Halbinsel Hela in die Danziger Bucht und schirmt das Putziger Wiek von der offenen See ab.

Ausflugsdampfer der ›Weißen Flotte‹ starten täglich am Grünen Tor (Zielona Brama), besonders beliebt sind die Fahrten zur Westerplatte, aber auch nach Sopot und - zwecks Badevergnügens - zur Halbinsel Hel. Wer zu einer Reise nach Skandinavien aufbrechen möchte (z.B. nach Helsinki oder Oxelösund), begibt sich zum Neuen Hafen (Nowy Port), nach Karlskrona in Schweden gelangt man ab Gdynia.

Die monatliche Informationsschrift *Welcome to Gdańsk, Sopot, Gdynia* ist kostenlos erhältlich in allen größeren Hotels sowie beim städtischen Flugbüro von LOT (ul. Wały Jagiellońskie 2/4, Tel. 311161).

☞ **Touristenbüro** (Gdańskie Centrum Informacji Turystycznej), ul. Heweliusza 27, Tel. 058-316637

☞ **Privatzimmervermittlung**, Gdańsk Tourist, ul. Heweliusza 8, Tel. 314816, Fax 316301: sehr zu empfehlen; mehrere Adressen in der restaurierten Rechtstadt, einige in bekannten historischen Gassen, andere mit Blick auf die Mottlau

☞ **Vermittlung von Zimmern im Studentenheim**, Studentenbüro Almatur, ul. Długi Targ 11, Tel. 312403: nur in den Monaten Juli und August

☞ **Buchung von Schiffsausflügen**, Orbis, ul. Heweliusza 22, Tel. 314425, Fax 313110: auch Fahrten nach Königsberg werden von Orbis organisiert

☞ **Auskunft Zugbahnhof**, ul. Podwale Grodzkie 1, Tel. 933

☞ **Auskunft Busbahnhof**, ul. 3 Maja, Tel. 321532

Unterkunft

Wer möglichst nahe am Zentrum der Rechtstadt wohnen möchte, hat die Wahl zwischen den bekannten Orbishotels Hewelius und Novotel auf der oberen Preisskala und einfachen, dafür romantischer gelegenen Häusern wie Jantar und Dom Harcerza. Der Stadtteil Jelitkowo liegt bereits 5 km in Richtung Sopot, wartet aber gleichfalls mit einigen guten Unterkünften auf; besonders die Hotels Marina und Posejdon sind zu empfehlen.

Hotel Hewelius, ul. Heweliusza 22, Tel. 315631, Fax 311922, 266 Zimmer, 10 Appartements, obere Preisklasse: anonymes Komforthotel zwischen Bahnhof und Zentrum; obere, zur Südseite gelegene Zimmer mit Blick auf die Rechtstadt

Hotel Novotel, ul. Pszenna 1, Tel. 315611, Fax 315619, 153 Zimmer, obere Preisklasse: behagliches Hotel vor den Toren der Rechtstadt

Hotel Dom Harcerza, ul. Za Murami 2-10, Tel. 313621, Fax 312472, 19 Zimmer, untere Preisklasse: ruhig und zentral, spartanische Räume in Burgambiente

Hotel Jantar, Długi Targ 19, Tel. 313529, 43 Zimmer, mittlere Preisklasse: aufgrund der hervorragenden Lage häufig ausgebucht, Reservierung ist ratsam

Hotel Marina, ul. Jelitkowska 20, Jelitkowo, Tel. 532079, Fax 530460, 159 Zimmer, 16 Appartements, obere Preisklasse: neunstöckiger moderner Hotelkasten, nur durch eine Promenade vom Strand getrennt; mit Schwimmbad, Tennisplatz und Kegelbahn

Hotel Posejdon, ul. Kapliczna 30, Jelitkowo, Tel. 531803, Fax 530222, 150

Zimmer, obere Preisklasse: schönes Strandhotel, alle Zimmer mit Balkon; Baden bleibt auf absehbare Zeit untersagt

Jugendherberge, ul. Wałowa 21, Tel. 312313, 17 Zimmer, 100 Betten: bestgelegene der insgesamt 4 Jugendherbergen (vom Hauptbahnhof 10 Minuten zu Fuß), mittlerer Standard

Museen und Galerien

Ein bedeutendes Museum, das nicht im Rahmen des Rundgangs vorgestellt wurde, ist das Danziger Nationalmuseum. Es enthält eine umfassende Sammlung gotischer Gemälde und Skulpturen sowie kostbares Kunsthandwerk. Auch eine große Zahl flämischer und holländischer Künstler ist hier vertreten (Memling, Van Dyck und Breughel d.J.): ein deutlicher Hinweis auf die engen Handelskontakte zwischen Danzig und den westeuropäischen Ländern im 15. und 16. Jahrhundert.

Nationalmuseum (Muzeum Narodowe), ul. Toruńska 1, Tel. 317061, Di 11-17, Mi-So 10-15 Uhr

Schiffahrtsmuseum im Krantor (Centralne Muzeum Morskie), ul. Szeroka 67/68, Tel. 316938, Mo-Fr 10-17, Sa 11-17, So 11-16 Uhr

Museum für Danziger Stadtgeschichte (Muzeum Historii Miasta Gdańska), ul. Długa 47, Tel. 319722, Di-Sa 10-16, So 11-16 Uhr

Artushof (Oddział Dwór Artusa), ul. Długa 43

Uphagenhaus (Kamienica Uphagena), ul. Długa 12: spätbarockes Haus des Ratsherren Johann Uphagen mit Original-Interieur (1776); die Restaurierung soll zum 1000. Jahrestag Danzigs abgeschlossen sein

Archäologisches Museum (Muzeum Archeologiczne), ul. Mariacka 25/26, Tel. 315031, tgl. außer Mo 10-17 Uhr: trocken-didaktische Aufarbeitung frühgeschichtlicher Funde

Zeidler Art Gallery, ul. Długa 81, Tel. 314317: eine der renommiertesten Galerien Danzigs

Essen und Trinken

Restaurant Pod Łososiem, ul. Szeroka 52, Tel. 317652, obere Preisklasse: Schon seit über 400 Jahren gilt das Restaurant als Danzigs Top-Restaurant für Fischliebhaber. Im Gästebuch stehen so illustre Namen wie Charles Aznavour und Günter Grass. Besonders zu empfehlen: Lachs vom Rost.

Restaurant Retman, ul. Stągiewna 1, Tel. 319248, obere Preisklasse: Fischrestaurant auf der Speicherinsel, nicht so edel wie das Restaurant ›Zum Lachs‹, dafür auch weniger teuer

Restaurant Admirał, ul. Długi Targ 17/18, Tel. 318452, obere Preisklasse: gezahlt wird vor allem für das Interieur, Danziger sieht man hier selten; internationale Kost, dazu große Auswahl an französischen Weinen

Restaurant Arno, ul. Tkacka 1, Tel. 311441, mittlere Preisklasse: kulinarische Höhepunkte der einfachen italienischen Küche

Restaurant Tan-Viet, ul. Podmłyńska 1, Tel. 313335, mittlere Preisklasse: elegantes vietnamesisches Restaurant nahe der Katharinenkirche, gutes Preis-Leistungs-Verhältnis

Restaurant Pod Żurawiem, ul. Warzywnicza 10/Rybackie Pobrzeże, Tel. 313417, mittlere Preisklasse: elegant, nahe dem Krantor; Terrasse mit Blick auf die Mottlau, exquisite altpolnische Küche

Restaurant Tawerna, ul. Powroźnicza 19/20, Tel. 314114, mittlere Preisklasse: Inneneinrichtung mit maritimem Flair

Restaurant Kubicki, ul. Wartka 5, Tel. 310050, mittlere Preisklasse: kleines und dunkles, aber gemütliches Restaurant an der Mottlau, abseits des Touristenstroms

Restaurant U Hubertusa, ul. Piwna 59, Tel. 310322, mittlere Preisklasse: Lokal mit Altdanziger Speisekarte, Spezialität sind Wild- und Fischgerichte

Restaurant Milano, ul. Chlebnicka 49/51, Tel. 317847, mittlere Preisklasse: lockeres und freundliches Ambiente, beste der vielen neu eröffneten Pizzerien

Café in Sopot

Café Pellowski, ul. Podwale Staromiejskie 82, Tel. 314520: Konditorei mit dem besten Kuchensortiment Danzigs und einem zugehörigen, sehr beliebten Café (von der Mariengasse 10 Minuten zu Fuß Richtung Norden)
Café Mariacka, ul. Mariacka 21/22, Tel. 319960: romantischer Treffpunkt zu allen Tageszeiten
Café Palowa, ul. Długa 47, Tel. 315532: Café in historischen Räumen ohne versnobten Pomp
Cocktail Bar, ul. Długi 59/61: ein Ort, an dem man bei leckerem Eis die Touristenströme an sich vorüberziehen läßt
Café Goldwasser, Długie Pobrzeże 22, Tel. 311244: Tcrrassencafé mit stilvollem Innenraum

Kulturangebote

Herder-Zentrum (Centrum Herdera), ul. Ogarna 26, Tel. 316062: gelegentlich Vorträge deutscher Autoren; reiche Auswahl an deutschen Büchern, Tageszeitungen und Zeitschriften
Puppentheater Miniatura, ul. Grunwaldzka 16, Tel. 419483
Baltische Oper & Philharmonie (Opera i Filharmonia Bałtycka), al. Zwycięstwa 15, Tel. 413073
Theater Wybrzeże, ul. św. Ducha 2, Tel. 317021

Nachtleben

ŻAK, ul. Wały Jagiełłońskie 1 (nahe Bahnhof), Tel. 314119: wichtigster Studententreff mit Kino, Theater, Live Musik und Bars; auch das Internationale Jazzfestival im Herbst findet hier statt
Klub Aktora, ul. Mariacka 1/3, Tel. 312644: Treffpunkt von Schauspielern und Künstlern, täglich bis 23 Uhr geöffnet.
Casino, ul. Długa 75/76, Tel. 315381

Oliwa (Oliva)

Wer sich dem städtischen Trubel entziehen will, fährt mit Bus oder Straßenbahn in den 9 km nordwestlich gelegenen Ortsteil **Oliwa**. Viele berühmte Persönlichkeiten haben sich hierher zurückgezogen, so auch der frühere Präsident Lech Wałęsa, der eine hübsche Villa in der Ulica Polanki 54 erwarb. Den romantischen Stadtpark dominiert eine frühgotische **Kathedrale** mit zwei hoch aufschießenden Türmen. Das 90 m lange, aber nur 9 m breite Kirchenschiff birgt eine reich verzierte, gewaltige Rokoko-Orgel (1788) mit über 7800 Pfeifen aus Zinn und Holz. Mehrmals täglich, ab 10 Uhr zu jeder vollen Stunde, ertönt ihr berauschender Klang.
Südlich der Kathedrale schließen sich die Klostergebäude des Zisterzienserordens an. Östlich befindet sich der ehemalige Bischofspalast mit Werken moderner polnischer Kunst, im Getreidespeicher nördlich der Klosteranlage wird kaschubische Volkskunst vorgestellt. Bei schönem Wetter lädt der weitläufige Mickiewicz-Park zu Spaziergängen ein. Vieles gibt es hier zu entdecken: Flüstergrotte und Wasserfall, Palmenhaus und Alpinarium, eine Wasserschmiede aus dem 16. Jahrhundert. Wer mit Kindern unterwegs ist, wird vielleicht Lust haben, abschließend auch den **Danziger Zoo** kennenzulernen: Er ist von der Kathedrale zu Fuß in einer halben

Kathedrale von Oliwa

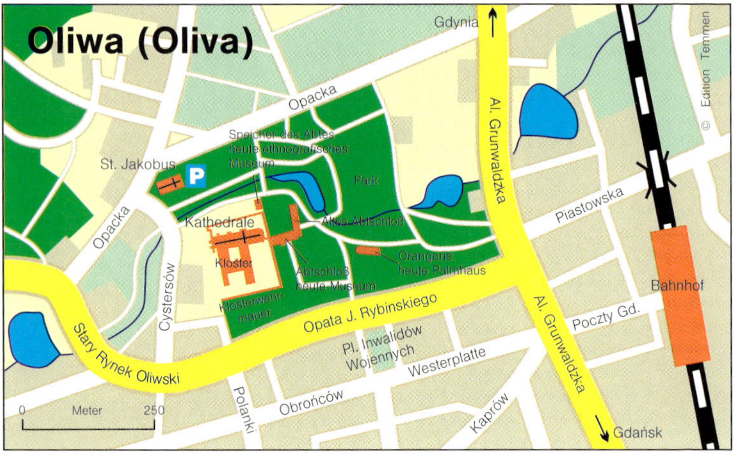

Stunde erreichbar, Bus 122 fährt gleichfalls dorthin. Der Zoo breitet sich über die bewaldeten Hänge eines Tals aus, Kenner preisen ihn als einen der schönsten Europas.

Museen und Galerien

Galerie zeitgenössischer Kunst (Oddział Sztuki Współczesnej), ul. Cystersów 15a, Tel. 524139. tgl. außer Mo 10-15 Uhr
Ethnographisches Museum (Oddział Etnografii), ul. Opacka 12, Tel. 521754, tgl. außer Mo 10-15 Uhr
Technisches Museum, Alte Schmiede (Kuźnia Wodna), ul. Bytowska 1a, Tel. 525151, tgl. außer Mo 10-16 Uhr

Sopot (Zoppot)

Sopot, Stadt zwischen bewaldeten Hügeln im Norden von Gdańsk, hat als renommiertes Seebad eine lange Tradition. Bereits 1911 wollte es dem polnischen Autor Adolf Nowaczyński wie ein »Touristengomorrha« erscheinen, mit scharfer Zunge wetterte er gegen das »germanisierte Schwimmbad«. Zwei Jahre zuvor war die Waldoper erbaut worden, ein Freilichttheater, in dem schon bald die berühmten Wagner-Festspiele zur Aufführung kamen. Die Blütezeit der Stadt fiel in die 20er und 30er Jahre, die gesellschaftlichen ›Eliten‹ trafen sich im Casino und nächtigten im neuerbauten Grand Hotel. Sopot wurde gerühmt als ›Riviera des Nordens‹,

war der eleganteste Luft- und Badekurort der Ostseeküste.
Diesen Ruf hat die Stadt heute verspielt. Zu sehr ist sie eingezwängt zwischen den Häfen von Gdańsk und Gdynia, als daß sie den Auswirkungen der Luft- und Wasserverschmutzung entgehen könnte. Das Schwimmen am 2 km langen Sandstrand ist verboten, Gäste begnügen sich mit Strandlauf und Sonnenbad, spielen Tennis im Küstenpark. Dem Aufenthalt haftet vor allem in der Nachsaison etwas Nostalgisches an: Von der Holzmole, die weit ins Meer ausgreift, wirft man einen Blick hinüber zum Grand Hotel, jenem Prachtbau aus den 20er Jahren, der heute etwas angegraut wirkt, mit Casino und Haute Cuisine anzuknüpfen sucht an früheren Glanz. Neben der Mole befindet sich die Schiffsanlegestelle, von hier fahren Ausflugsdampfer nach Gdańsk, Gdynia und Hel.
Lebendig geht es auf Sopots Promeniermeile zu, der sanft ansteigenden Straße Bohaterów Monte Cassino, die vom Strand zum Bahnhof führt und von Cafés, Bars und vielen Läden gesäumt ist. Zu Musikveranstaltungen lädt auch weiterhin die Waldoper ein, prachtvoll gelegen im Westen der Stadt inmitten hügeliger Parklandschaft. Im August findet hier seit 1961 alljährlich ein Liederfestival statt, in den übrigen Sommermonaten dominieren Shows und Musicals.

☞ **Touristenbüro**, ul. Chopina 10, Tel. 058-512176

☞ **Orbis-Büro**, ul. Bohaterów Monte Cassino 49, Tel. 514142

☞ **Auskunft Schiffsanlegestelle**, Żegluga Gdańska, Tel. 511293

Unterkunft

Grand Hotel, ul. Powstańczów Warszawy 12/14, 81718 Sopot, Tel. 510041, Fax 516124, 107 Zimmer und 4 Appartements, obere Preisklasse: Strandhotel für Nostalgiker, Casino und Nachtklub locken zahlungskräftige Klientel an. Politiker unterschiedlichster Couleur waren hier zu Gast, Adolf Hitler, der Schah von Persien, Charles de Gaulle und Fidel Castro.

Hotel Sopot, ul. Haffnera 81, Tel. 513295, Fax 513296, 110 Zimmer und 4 Appartements, mittlere Preisklasse: Komplex von drei zweistöckigen Gebäuden, gebaut von einer Firma aus Lübeck

Hotel Miramar, ul. Zamkowa Góra 25, Tel. 518011, Fax 510727, 142 Zimmer, mittlere Preisklasse

Hotel Maryla, al. Sępia 22, Tel. 510034, 17 Zimmer, mittlere Preisklasse: zu Fuß 2 Minuten vom Strand

Camping Nr. 18, ul. Jelitkowska 23, Tel. 532731, 150 Stellplätze, 22 Miethütten, mittlerer Standard: strandnahe, 3,5 ha große Anlage an verkehrsreicher Straße zwischen Jelitkowo und Sopot

Essen und Trinken

Ins Restaurant des Grand Hotel sollte man zumindest einmal hineinschnuppern – der Geruch der vorzüglich zubereiteten Fischspeisen könnte dazu verführen, sich wenigstens einmal während des Urlaubs etwas Besonderes zu leisten. Hier noch einige weitere Tips:

Pod Strzechą, ul. Bohaterów Monte Cassino 41, Tel. 512476, mittlere Preisklasse: polnische und jüdische Küche in einem der besten Speiselokale Sopots

Café Złoty Ul, ul. Bohaterów Monte Cassino 33, Tel. 513479: Künstlercafé mit Außenterrasse

Café Bazar, ul. Bohaterów Monte Cassino 5: Musik-Café, beliebter Studententreff

Kulturangebote

Während der Sommermonate werden im Theatercafé neben dem Grand Hotel

kleinere Stücke aufgeführt, vereinzelt gibt es auch Konzertdarbietungen. Wichtigstes Kulturereignis bleibt freilich das Liederfestival in der Waldoper. Wem diese Musik zu seicht erscheint, der erkundige sich nach den Terminen für die alljährlich auf der Mole stattfindenden Jazztage.

Waldoper, Opera Leśna, ul. Moniuszki 12, Tel. 511812

Theater Wybrzeże, ul. Bohaterów Monte Cassino 55, Tel. 513936

Nachtleben

Casino Sopot, ul. Powstańców Warszawy 12/14, Tel./Fax 515006

Joker, ul. Powstańców Warszawy 30: Nachtklub und Go-Go-Bar

Maryla, al. Sępia 22: Disco im Erdgeschoß des Hotels Fr u. Sa ab 21 Uhr

Gdynia (Gdingen)

Vor dem Ersten Weltkrieg war Gdynia noch ein kleines Fischerdorf. Nur drei Straßen gab es, drei Geschäfte und einen Bahnhof. Der Schriftsteller Nowaczyński kam 1911 auch in diesen Ort, las die Seefahrerromane Joseph Conrads und träumte von der Rettung Polens. Ein großer Hafen just an diesem Ort... – dies, so glaubte er, könnte den Staat, wenn er denn wiedererstünde, stark und mächtig machen. »Unsere zivilisatorische Mission«, schrieb er, »ist nicht im Osten, sondern hier, im Norden, auf der See. Es steht uns nicht zu, die Weißrussen, Kleinrussen und die Litauer zu zivilisieren, zunächst müssen wir uns selbst zivilisieren... Nur wenn wir unsere ganze Spannkraft, die ganze Vitalität, die ganze Energie der sarmatischen Rasse auf dieses Stück Seeufer konzentrieren, können wir in Europa – natürlich nicht sogleich eine Macht, wie die Liebediener der öffentlichen Meinung babbeln, aber doch – ein starker und geschlossener, reifer Staat werden, ein Faktor, mit dem man zu rechnen hat, kein Buffostaat für eine Saison.«

Nach dem Ersten Weltkrieg wurde der Traum des Autors wahr. Polen wurde wiedergeboren, war fortan über einen schmalen Küstenstreifen nördlich der Freistadt Danzig mit dem Meer verbunden. 1924 begann man, in Gdynia einen Hafen anzulegen; eine Stadt schoß aus dem Boden, die heute 240.000 Einwohner zählt.

Hauptattraktion von Gdynia ist das an der Südmole vertäute Segelschiff *Dar Pomorza* (1909). Einst war es ein Schulschiff der polnischen Marine, heute steht der große Dreimaster zur Besichtigung frei. Nahebei liegt die *Błyskawica* vor Anker, ein Zerstörer aus dem Zweiten Weltkrieg, der gleichfalls besucht werden kann. Das **Ozeanographische Museum** lockt mit dem größten Meeresaquarium Polens, im nahegelegenen **Marinemuseum** werden vor allem Waffen ausgestellt. Auch das **Stadtmuseum** lohnt einen Besuch, es ist in einem kaschubischen Palais aus dem 19. Jahrhundert untergebracht.

Zu den lebhaftesten Einkaufsstraßen zählt die Świętojańska-Straße mit ihren zahlreichen Cafés, Bars und Läden. Im Sommer ist auch der

Linke Seite:
Die Danziger Bucht auf einem Werbeplakat der 20er Jahre

traditionelle Fischmarkt auf dem Kościuszko-Platz eine beliebte Adresse; hier werden kaschubische Folklore, Bernstein- und Silberschmuck zum Verkauf angeboten.

☞ **Touristenbüro**, pl. Konstytucji 1, Tel. 058-285378
☞ **Schiffsanlegestelle** (Dworzec morski), al. Zjednoczenia 2, Auskunft Tel. 213241; Fahrten nach Gdańsk, Sopot und Hel; Reservierung von Fahrten nach Karlskrona (Schweden) und Klaipeda (Litauen) auch über Reisebüros von Orbis und Gromada
☞ **Auskunft zu Rundflügen**, Baltic Balloon Club, ul. Wiejska 5, Tel./Fax 230364: Flüge über die Danziger Bucht
☞ **Auskunft Zugbahnhof**, ul. Dworcowa, Tel. 285354: mit speziellem Schalter für den Verkauf von Bustickets (*kasy PKS*)

Unterkunft

Hotel Gdynia, ul. Armii Krajowej 22, Tel. 206651, Fax 208651, 311 Zimmer, obere Preisklasse: komfortables, doch überteuertes Orbis-Hotel
Hotel Bałtyk, ul. Kielecka 2a, Tel. 200782, Fax 208327, 64 Zimmer, obere Preisklasse
Hotel Nadmorski, ul. Ejsmonda 2, Tel. 221542, Fax 223778, 12 Zimmer, mittlere Preisklasse: ruhig gelegen und doch zentral, nahe der Sportanlage Arka (mit Tennisplätzen)
Hotel Antracyt, ul. Korzeniowskiego 19d, Tel./Fax 206811, 40 Zimmer, mittlere Preisklasse
Hotel Dom Marynarza, ul. Marszałka Piłsudskiego 1, Tel. 220025, Fax 222824, 66 Zimmer, untere Preisklasse
Hotel Dom Nauzyciela, ul. Świętopełka 8, Tel. 248224, 10 Zimmer, untere Preisklasse

Essen und Trinken

Restaurant Ermitage, ul. Świętojańska 39, Tel. 203923, mittlere Preisklasse

Museen

Ozeanographisches Museum (Muzeum Oceanograficzne i Akwarium Morskie), al. Zjednoczenia 1, Tel. 217021, tgl. außer Mo 10–16 Uhr
Museum der Kriegsmarine (Muzeum Marynarki Wojennej), Bulwar Nadmorski, Tel. 263565, tgl. außer Mo 10–16 Uhr
Segelschiff Dar Pomorza, Skwer Kościuszki (Uferkai), Tel. 202371
Kriegsschiff Błyskawica, Skwer Kościuszki (Uferkai), Tel. 263727
Stadtmuseum, ul. Starowiejska 30, Tel. 219073, tgl. außer Mo 11–17 Uhr

Kulturangebote

Musiktheater (Teatr Muzyczny), pl. Grunwaldzki 1, Tel. 216024: mit einem Casino im selben Haus
Cyganeria, ul. 3 Maja 27: Live-Jazz jeden Freitag- und Samstagabend ab 21 Uhr

Nachtleben

America Pub, 10 Lutego 21: Szenetreff am späten Abend
Nadmorski, ul. Ejsmonda 2: Nachtklub und Disco, Do-Sa ab 20 Uhr
Nautica, ul. Armii Krajowej 22: Nachtklub und Disco im Hotel Gdynia, tgl. ab 22 Uhr
Bukszpryt, ul. Morska 83: Disco im Studentenclub, Sa 20 Uhr

Puck (Putzig)

Eine slawische Siedlung gab es in Puck schon im 4. Jahrhundert, doch das erste schriftliche Zeugnis stammt aus dem 13. Jahrhundert. Zu dieser Zeit war der Ort bereits ein wichtiges Handelszentrum mit Burgsitz und eigenem Hafen. Die Kreuzritter eroberten Puck und verliehen ihm 1348 das Stadtrecht. Über 100 Jahre später wurde Puck

im Frieden von Toruń an Polen angeschlossen.
Das Stadtmuseum gibt Auskunft über die vermeintlichen Glanzpunkte der weiteren Entwicklung. Im ausgehenden Mittelalter war Puck Stützpunkt der Kaperschiffe, die im Auftrag von König Sigismund August zu Raubzügen auf dem Meer starteten. Im 17. Jahrhundert gehörte die Festung der Stadt zu den wenigen entlang der Küste, die dem schwedischen Ansturm standzuhalten vermochten. 1920 erfolgte die offizielle Vereinigung Polens mit den Pommerellen. Der kleine, zu Versandung neigende Stadthafen von Puck wurde für wenige Jahre Polens Tor zur Welt, bevor er von Gdynia ersetzt wurde.
Heute erfreut sich Puck vor allem bei Seglern großer Beliebtheit. Seit den 80er Jahren verfügt es über einen großen Yachthafen, der Strand ist breit, das Wasser leider verschmutzt. Kultureller Höhepunkt im Leben der Gemeinde ist die alljährliche Pilgerfahrt der Fischer am 29. Juni. Pünktlich um 12 Uhr startet eine Armada frisch gestrichener Kutter aus Puck in Richtung Hel, um sich auf halber Strecke mit den aus Kuźnica kommenden Fischern zu treffen. Auf einem der wimpelgeschmückten Boote befindet sich der Danziger Bischof, in seinem Gepäck das Bildnis der Mutter Gottes. Er segnet die Fischer auf hoher See, alsbald segelt das Geschwader zurück nach Puck, wo es von den Küstenbewohnern jubelnd begrüßt wird. Es folgt eine weitere Messe in der Pfarrkirche - erst dann darf die Nacht des langen Festes beginnen.

☞ **Touristenbüro**, ul. 1-go Maja, Tel. 058-732071

Unterkunft

Die beste Lage hat Zatoka in unmittelbarer Nähe des Yachthafens.
Hotel Zatoka, al. Lipowa 3a, Tel. 732913, 12 Zimmer, untere Preisklasse

Essen und Trinken

Bar Kuźnia, ul. Wejhera 1, Tel. 732955, untere Preisklasse: altpommersche Küche nach Rezepten des 19. Jahrhunderts
Restaurant Nadmorska, al. Lipowa, Tel. 732618, untere Preisklasse: populäres Lokal bei der Mole
Restaurant Ratuszowa, plac Wolności, Tel. 732626, untere Preisklasse: am Rynek

Museen

Volkskundliches Regionalmuseum, ul. Wałowa 11, Tel. 732229, täglich außer Di 9-15 Uhr, Sa u. So zur Sommerzeit bis 17 Uhr: ethnographische Sammlung nahe der Hauptpost
Stadtmuseum, plac Wolności 28, Tel. 732996, täglich außer Di 9-15 Uhr, Sa u. So zur Sommerzeit bis 17 Uhr: lokalgeschichtliche Dokumentation am Marktplatz

Władysławowo (Großendorf)

Der Ort liegt am Eingang zur Hel-Nehrung und verfügt über Polens größten Fischereihafen. Er ist nach König Władysław IV. benannt, dem Begründer der polnischen Kriegsflotte im 17. Jahrhundert. Fischkut-

Folgende Seiten:
Jastarnia auf der Halbinsel Hel

ter starten von hier zu mehrtägigen Fangreisen bis in die Nordsee.

Unterkunft

Hotel Dom Rybaka, ul. gen. Hallera 19, Tel. 058-740066, untere Preisklasse
Hotel Jasny Brzeg, ul. WOP 13, Tel. 740775, untere Preisklasse
Gästehaus Perełka, ul. Żeromskiego 1, Tel. 740791, untere Preisklasse
Camping Nr. 152, ul. Helska, Tel. 741486, Fax 740720, 400 Stellplätze, geöffnet nur im Sommer: teilweise schattige Anlage an schmalem Strand 2 km östlich des Ortes, beliebt bei Surfern.

Museum

Naturkundemuseum, ul. Morska 6, Tel. 740685

Hel (Hela)

Von einem ›Kuhschweif‹ (krowi ogon) sprechen die Polen, wenn sie die Form der Halbinsel Hel charakterisieren wollen: eine 35 km ins Meer ausgreifende Landzunge, die die Putziger Bucht von der offenen See trennt. An der Nordseite ist die Halbinsel von feinkörnigen und breiten Sandstränden gesäumt, die zu den schönsten der gesamten Ostseeküste gehören. An der vor starkem Wind und Wellengang geschützten Südseite entstanden Fischerdörfer. Noch vor 500 Jahren bestand die Nehrung aus einer Reihe von Inseln, die bei Sturm vom Meer überflutet wurden. Erst durch angeschwemmten Sand wurden diese in langen Jahren zu einer Landzunge vereint. Sie ist stellenweise nur 150 m breit: durch lichten Kiefernwald erblickt man sowohl die Danziger Bucht als auch die Ostsee. Mit dem Auto gelangt man bis **Jurata**, wer die naturgeschützten, östlich gelegenen Teile der Nehrung besuchen will, muß mit Bus, Bahn oder Fähre anreisen.

Vor allem die Ortschaft Hel an der Südostspitze lohnt einen Besuch. Sie ist eine der ältesten pommerschen Siedlungen, wurde schon 1219 als Fischerdorf erwähnt. Aus dem 15. Jahrhundert stammt die gotische Backsteinkirche, die ein interessantes Fischereimuseum beherbergt. Auf dem einstigen Friedhof sind Boote und Kutter ausgestellt. Vom Turm der Kirche genießt man einen weiten Blick auf die nahegelegene Leuchtwarte und die Seepromenade, die in eine schmale Mole übergeht. Fachwerkhäuser im Stadtzentrum haben wie durch ein Wunder die schweren Gefechte des Zweiten Weltkriegs überstanden. Hel war letzter Ort Polens, der an Deutschland fiel (2. Oktober 1939); noch einen Tag nach der ›Befreiung‹ (9. Mai 1945) kämpften hier deutsche Truppen gegen die Sowjetarmee.

Unterkunft

Gästehaus Helios, ul. Lipowa 2, Tel. 058-750113, 15 Zimmer, untere Preisklasse: Ausleihe von Fahrrädern und Booten

Essen und Trinken

In der Hauptstraße des Ortes stärkt man sich in einem der vielen Fischlokale bei geräuchertem Aal, bevor man sich über einen Waldweg zu den herrlichen Stränden begibt.

Museum

Fischereimuseum, Bulwar Nad Morski 2, Tel. 750552, tgl. außer Mo 10–16 Uhr

Jurata

Den baltischen Sagen nach war Jurata die Königin des Meeres und wohnte in einem Unterwasserpalast aus durchsichtigem Bernstein. Da sie es wagte, sich in einen Sterblichen, einen schönen Fischer, zu verlieben, wurde sie von Gott Perkun mit einem Blitzschlag getötet. Ihr Geliebter aber ward zur Unsterblichkeit verurteilt: Auf dem Grunde des Meeres, an einen Felsen gekettet, hadert er mit dem Schicksal. Sein wild aufbegehrendes Klagen ist vernehmbar, wenn Herbststürme die Wellen hochpeitschen und die Stämme der Bäume knicken. Am folgenden Tag kann man an der Küste geheimnisvoll-glänzende Splitter entdecken: Bernsteinstücke aus Juratas Palast.

Das Dorf Jurata ist durch Kiefern und Dünenwall vor den kühlenden Winden der Ostsee geschützt. Der Ort, der seinen Namen der baltischen Göttin verdankt, entstand in den 20er Jahren als Sommerfrische für die polnische Oberschicht. Heute ist er beliebtester Ferienort der Halbinsel und wird im Sommer vor allem von polnischen Touristen bevölkert.

Unterkunft

Hotel Bryza, ul. Świętopełka 1, Tel. 058-752343, Fax 752426, obere Preisklasse: attraktiv in die Dünenlandschaft eingebettet

Hotel Jurata, ul. Wojska Polskiego 30, Tel. 752329, 30 Zimmer, mittlere Preisklasse: alle Zimmer mit Bad, Balkon und TV-Sat

Hotel Neptun, ul. Mestwina 38, Tel. 742260, Fax 740699, 100 Zimmer, mittlere Preisklasse: neues Komforthotel am Strand mit Hallenbad und physiotherapeutischen Einrichtungen, Tennisplatz und Sauna

Gästehaus Lido, ul. Świętopełka 3, Tel. 742221, 48 Zimmer, untere Preisklasse: einfache Ausstattung, Entfernung zum Strand 150 m

Essen und Trinken

Cafés und Discos findet man vor allem in der ul. Wojska Polskiego, z.B.

Café & Restaurant Morskie Oko, ul. Wojska Polskiego 37, Tel. 752193: abends Tanz und Konzerte

Jastarnia (Heisternest)

Jastarnia ist ein noch ruhiges, 4000 Einwohner zählendes Fischerdorf, das sich vor allem bei Künstlern großer Beliebtheit erfreut. Einblick in den häuslichen Alltag der Bewohner vermittelt eine Fischerkate in der Rynkowa-Straße, die besichtigt werden kann. Daneben gibt es ein kleines Museum, in dem maritimes Handwerksgerät liebevoll zusammengetragen ist. Sehenswert ist auch die Dorfkirche mit einer Kanzel in Form eines Bootes, Ornamente in den kaschubischen Lieblingsfarben Weiß, Blau und Grün schmücken die Wände.

Unterkunft

Hotel Augustyna, ul. Ogrodowa 126, Tel. 058-752252, 15 Zimmer, mittlere Preisklasse: nur 200 m zum Strand

Hotel Jastarnia, ul. Ceynowy 3, Tel. 752183, 30 Zimmer, untere Preisklasse

Gästehaus Rybak, ul. Portowa 12, Tel. 742221, 13 Zimmer, untere Preisklasse

Camping Nr. 75, Tel. 752348, 300 Stellplätze, 5 Miethütten: empfehlenswerte, 3 ha große und teilweise schattige Anlage, beliebt bei Surfern

Essen und Trinken
Eine besondere Attraktion ist die Räucherei **Draga**, die ganzjährig Aal, Lachs und Makrele offeriert (ul. Polna 5). Cafés und Restaurants findet man in der ul. Sychty und der ul. Mickiewicza.

Museum
Fischereimuseum (Muzeum Rybakkie), ul. Mickiewicza 115, Mo-Fr 9-17 Uhr
Fischerhütte (Chata Rybacka), ul. Rynkowa 8, Mo-Fr 9-13 Uhr

Chałupy

Das Fischerdorf Chałupy befindet sich an der schmalsten Stelle der Halbinsel Hel: Nord- und Südküste sind hier nur 150 m voneinander entfernt. Unter die Badegäste mischen sich seit einigen Jahren viele Naturisten: ein inoffizieller FKK-Strand, von der Inselverwaltung geduldet, von der katholischen Kirche skeptisch beäugt.

Unterkunft
Gästehaus Polaris, ul. Sztormowa 3, Tel. 058-741647, 12 Zimmer, untere Preisklasse

Sobieszewo

Sobieszewo heißt eine Insel im Mündungsdelta der Weichsel, erreichbar über die Küstenstraße von Danzig zur Frischen Nehrung (von der E 7 bei Przejazdwo abbiegen in Richtung Krynica Morska). Der Hauptort der Insel wartet mit einer gut ausgestatteten Pension auf: Alle Zimmer haben Dusche und TV-Sat, die Küche ist auf altpolnische Hausmannskost spezialisiert.

Unterkunft
Pension Bartan, ul. Turystyczna 9a, 80-680 Gdańs k- Sobieszewo, Tel./ Fax 058-380779, 12 Zimmer, auch Appartements, mittlere Preisklasse

Elbląg (Elbing)

Eine Autostunde von Danzig entfernt liegt das Industrie- und Verwaltungszentrum Elbląg. Erst vor wenigen Jahren wurde damit begonnen, den Kern der mittelalterlichen Hansestadt nach alten Plänen zu rekonstruieren. Rings um die Nikolaikirche (1237) mit ihrem hoch aufschießenden Turm werden 50 Gebäude in postmodern-historisierendem Stil wiederaufgebaut. Damit könnte das Altstadtensemble von Nikolai- und Marienkirche, Markttor und Bürgerhäusern bald schon an Attraktivität gewinnen, Touristen hätten einen Grund, auf ihrer Fahrt nach Masuren in dieser Stadt einen Zwischenstopp einzulegen.
Vorläufig hat die Umgebung von Elbląg mehr zu bieten als die Stadt selbst. Der Wald im Norden (Bażantarnia) ist von Schluchten und Tälern durchzogen, auf einer Serpentinenstraße gelangt man durch den Landschaftspark nach Kadyny. Eine attraktive Zugstrecke verknüpft Elbląg mit Frombork, führt dicht am Haff entlang und eröffnet Ausblicke aufs Meer. Im Süden lockt das Naturschutzgebiet um den Drużno-See, ein Eldorado für

Elbląg

Sumpf- und Wasservögel. Besondere Attraktion für Touristen ist eine Schiffsfahrt von Elbląg über den **Oberlandkanal** zum 67 km entfernten Ostróda. Dabei sind mehrere Schleusen zu passieren: Die Schiffe werden auf fünf Schienen, sogenannten ›geneigten Ebenen‹ über Land gezogen – ein bautechnisch einzigartiges Werk aus dem Jahr 1860, mit dem die enorme Höhendifferenz zwischen den Gewässern geschickt überwunden wird.

☞ **Touristeninformation**, ul. 1 Maja 30, Tel. 050-327373
☞ **Auskunft Zuginformation**, pl. Dworcowy 1, Tel. 327555
☞ **Auskunft Businformation**, pl. Dworcowy 1, Tel. 324300
☞ **Schiffsanlegestelle**, Bulwar Zygmunta Augusta, Tel. 322179

Unterkunft

Hotel Elzam, pl. Słowiański 2, Tel. 348111, Fax 324083, 128 Zimmer, obere Preisklasse
Hotel Żuławy, ul. Królewiecka 126, Tel. 345711, Fax 348338, 40 Zimmer, mittlere Preisklasse
Jugendherberge, ul. Browarna 1, Tel. 326125, 95 Betten, nur geöffnet 1.7.–31.8., unterster Standard
Camping Nr. 61, Tel. 324307, 70 Stellplätze, 9 Miethütten: zentral gelegene, 1 ha große Anlage am Fluß, teilweise schattig

Rutschpartie über den Oberlandkanal

Essen und Trinken

Vornehm speisen läßt es sich in den Restaurants der Hotels Elzam und Zuławy, Einheimische trifft man vor allem im nachfolgend aufgeführten Lokal:

Restaurant Karczma Słupska, ul. Krotka 4, Tel. 324278, untere Preisklasse

Museum

Regionalmuseum, Bulwar Zygmunta Augusta 11, Tel. 327034, tgl. außer Mo 10-16 Uhr

Tolkmicko (Tolkemit)

Im Fischerort Tolkmicko ist die Holzschnitzkunst noch lebendig, jeden Sommer werden die besten Skulpturen auf Straßen und Plätzen ausgestellt. Vom kleinen Hafen setzen im Sommer Fähren zur Frischen Nehrung über, die das Frische Haff von der Danziger Bucht abgetrennt.

Frombork (Frauenburg)

»Abgelegenste Gegend der Welt« nannte Nikolaus Kopernikus die Stadt am Frischen Haff, als er 1523 eine Stelle als Domherr des ermländischen Kapitels antrat. Hier arbeitete der Astronom 20 Jahre an seinem Lebenswerk *Über die Bewegungen der Himmelskörper*. Mit seiner provozierenden These, nicht die Erde, sondern die Sonne sei Zentrum des Universums, stellte er das mittelalterliche Weltbild auf den Kopf. Die Kirche beäugte seine Forschungen mit Mißtrauen. Erst 1543, im Todesjahr des Wissenschaftlers, durfte sein Werk publiziert werden, 1616 wurde es auf die Liste verbotener Bücher gesetzt.

Fromborks Silhouette wird von dem malerischen Kathedralhügel beherrscht, wo Kopernikus lebte und arbeitete. Bereits 1278 wurde hier eine **Domburg** erbaut, mit Wehrmauern und Basteien befestigt. Die Kirche (1330-1388) gilt als ein Meisterwerk der Gotik: Die reich dekorierte Fassade und schlank aufragende Ecktürme verleihen ihr eine Spur von Leichtigkeit, ihr Innenraum ist von feingemeißelten Sterngewölben bestimmt. Der spätgotische Flügelaltar besticht durch eine anmutige *Madonna auf der Mondsichel*, dic Passionsszenen sind Werken Albrecht Dürers und Martin Schongauers nachempfunden. Besonderes Schaustück der Kirche ist die Barockorgel, die jeden Sonntag zur Mittagszeit angestimmt wird. Im Bischofspalast an der Ostflanke der Anlage werden Leben und Wirken des Kopernikus vorgestellt, hier erfährt man auch Interessantes über die Geschichte der Stadt und der Kathedrale. Der Glockenturm in der Südwestecke des Domhügels birgt ein Planetarium, von seiner Spitze genießt man einen weiten Blick über Stadt und Haff.

Nikolaus Kopernikus

Informationen zu Frombork sowie Tips für Ausflüge zur Frischen Nehrung (Überfahrt ca. 90 Minuten) erhält man im Büro des Verbandes für Tourismus und Landeskunde.

PTTK-Büro, ul. Krasickiego 3, Tel. 0506-7252

Unterkunft

Wer länger in Frombork bleiben und dabei den Anblick des Doms nicht missen möchte, kann sich im Hotel Kopernik, dem früheren Hotel Słoneczny, einquartieren.

Hotel Kopernik, ul. Kościelna 2, Tel. 7285, Fax 7300, 32 Zimmer, mittlere Preisklasse

PTTK-Hotel, ul. Krasickiego 3, Tel. 7252, 30 Zimmer, untere Preisklasse

Jugendherberge, ul. Elbląska 11, Tel. 7453, 76 Betten, nur geöffnet 1.7.-31.8., unterster Standard

Camping Nr. 12, Tel. 7368, 120 Stellplätze, 11 Miethütten: Wiesenanlage ohne Schatten an der Straße nach Braniewo

Museen

Kopernikus-Museum (Muzeum Kopernika), Pałac Biskupi, Tel. 7218, tgl. außer Mo 10-16 Uhr

Folgende Seiten: Blick auf die Kathedrale in Frombork

Kadyny, Schloß Wilhelms II.

Kadyny (Cadinen)

Nahe dem Frischen Haff, 20 km nordöstlich von Elbląg, liegt Kadyny, eingebettet in Buchen- und Lärchenwälder. Wahrzeichen des Ortes ist ein Naturdenkmal besonderer Art: eine tausendjährige Eiche von knapp 10 m Umfang. Kadyny ist klein, doch blickt es auf eine bewegte Geschichte zurück. Im 13. Jahrhundert nahmen hier deutsche Ordensritter die Burg der pruzzischen Fürstin Cadin ein. Mehrmals wechselte der Ort seine Besitzer, wurde im 17. Jahrhundert von Franziskanermönchen, im 19. Jahrhundert von einem Kaufmann beherrscht. 1901 erwarb ihn Kaiser Wilhelm II., der das kleine Barockschloß zu einem prachtvollen Palais ausbauen ließ - umschlossen von einem romantischen Park. Die Anlage wurde in den vergangenen Jahren vorbildlich restauriert und beherbergt nun das Kadyny-Palace: ein Vier-Sterne-Hotel mit Tennisplätzen und Hallenbad, angeschlossen ist ein Gestüt mit Reitmöglichkeiten und Reitschule. Der Strand ist in gut 15 Minuten zu erreichen.

Auf einem Hügel, 500 m vom Hotel entfernt, thronen Ruinen des 1826 von Preußen konfiszierten Franziskanerklosters. 1990 gelangte es wieder in kirchlichen Besitz, soll schon bald in alter Pracht wiedererstehen. Bewohner des Ortes hoffen, daß sich dann auch die Tradition der Keramikherstellung neubelebt. 1904 war

Malbork

hier die kaiserliche Cadinen-Werkstatt begründet worden, die sich mit antikisierendem Porzellan einen Namen machte.

Unterkunft
Hotel Pałac Kadyny, 83340 Tolkmicko, Tel. 050-316120, Fax 316200, 40 Zimmer, obere Preisklasse

Braniewo (Braunsberg)

Der Küstenort liegt genau 100 km östlich von Danzig. Im Mittelalter war er Bischofssitz und Fernhandelsplatz, später wurde er von Elbing und Königsberg als führender Hafen verdrängt. Im ausgehenden 20. Jahrhundert ist seine Bedeutung auf die einer einflußlosen polnisch-russischen Grenzstadt reduziert. Beachtenswert sind die restaurierte gotische Stadtkirche, der Torturm der alten Bischofsburg und Reste der Wehranlagen. Rekonstruiert wurde das Liceum Hosianum, Polens erstes, 1565 gegründetes Jesuitenkolleg; bei der Zurückdrängung der Reformation im polnisch-litauischen Königreich spielte es eine zentrale Rolle.

7 km nordwestlich Braniewo liegt das malerische Dorf **Nowa Pasłęka** (Neu Passarge). *Ende der Welt* nennen die Polen diesen am weitesten östlich gelegenen Küstenort dicht an der russischen Grenze. Hier wird das Wasser noch aus dem Brunnen geholt, die Wäsche im Fluß gewaschen. Den Grenzübergang Grono-

wo/Mamonowo erreicht man über die Landstraße 504; von dort bis nach Königsberg (Kaliningrad) sind es 64 km.

Unterkunft

Hotel Astra, ul. Żeromskiego 14, Tel. 0506-2465, 50 Zimmer, mittlere Preisklasse

Malbork (Marienburg)

Die Marienburg am Ufer der Nogat war die größte Festungsanlage der mittelalterlichen Welt. Von hier herrschte der Hochmeister des Deutschen Ordens über ein straff verwaltetes Imperium, das von Pommern im Westen bis Estland im Osten und Masowien im Süden reichte. Jahrhundertelang galt die Burg als uneinnehmbar, durch Gräben, Wehrmauern, Tore und Basteien vor Angriffen geschützt. 1457 jedoch wurde der Mythos zerstört: das polnisch-litauische Heer eroberte die Marienburg, bis 1772 gehörte die Stadt zu Polen.

Zentrum der Marienburg ist das alle übrigen Gebäude überragende Hochschloß. Es diente Repräsentationszwecken und ist reich mit Skulpturen und Wandmalereien geschmückt. Besonders sehenswert sind der arkadengesäumte Innenhof und der Kapitelsaal. Im Mittelschloß überrascht der Versammlungssaal mit ungewöhnlicher architektonischer Finesse. Eine einzige Granitsäule stützt das machtvolle Gewölbe des Saals, dessen Wände vom Boden bis zur Decke mit schönen Maßwerkfenstern ausgelegt sind: ein lichtdurchfluteter Raum, dessen Eleganz und Leichtigkeit in Widerspruch stehen zum Festungscharakter der Anlage.

Unterkunft

Hotel Zamkowy, ul. Hiberna 14, Tel./Fax 055-2738, mittlere Preisklasse
Hotel Dedal, ul. gen. de Gaulle 5, Tel./Fax 3137, 80 Zimmer, mittlere Preisklasse
Hotel Sportowy, ul. Portowa 3, Tel. 2413, 15 Zimmer, untere Preisklasse
Jugendherberge, ul. Żeromskiego 45, Tel. 2511, 110 Betten, unterer Standard

Essen und Trinken

Die Hotelrestaurants sind gut, doch beliebter ist das Lokal **Nad Nogatem** in der Innenstadt (Plac Słowiański 5).

Museum

Burgmuseum, tgl. außer Mo 9-16 Uhr: Waffen, Kunstgegenstände und Gemälde, u.a. das berühmte Gemälde von Jan Matejko *Schlacht von Grunwald 1410*

Mierzeja Wiślana (Frische Nehrung)

Über 60 km greift die Frische Nehrung in die Ostsee; halb gehört sie zu Polen, halb zur russischen Enklave Kaliningrad. Landschaftlich ist sie ebenso schön wie die Halbinsel Hel, doch geht es hier selbst in den Sommermonaten weitaus beschaulicher zu. Flacher Sandstrand und Dünenwald säumen den stürmischen, dem Meer zugewandten Nordabschnitt; an der geschützten Südseite erstreckt sich das Frische Haff; versumpfte Schilfufer bilden ein ideales Revier für seltene Wasservögel. Hunderte von Kormoranen nisten in einem Reservat südlich von Kąty

Unter dem Zeichen des Kreuzes - der Deutsche Orden

Der Deutsche Orden (Ordo domus Sanctae Mariae Teutonicorum) wurde 1190 im Zeitalter der Kreuzzüge von Bremer und Lübecker Kaufleuten in Palästina gegründet. Sein ursprüngliches Betätigungsfeld war die Krankenpflege. Bereits 1198 wurde er in einen geistlichen Ritterorden umgewandelt, der 1199 von Papst Innozenz III. privilegiert und mit dem Kampf gegen die Ungläubigen beauftragt wurde. Die Ordenstracht bestand aus einem weißen Mantel mit schwarzem Kreuz. Vom Kaiser verliehene Rechte, zahlreiche Landschenkungen und Stiftungen ließen den Orden bald zu Reichtum und Ansehen gelangen. Im 13. Jahrhundert begann die »Heidenmission« innerhalb Europas, die zum Hauptbetätigungsfeld der Deutschritter werden sollte. Kaiser Friedrich II. übereignete dem Orden in der Goldbulle von Rimini 1226 alles Land, das bei der Eroberung in »heidnischem« Besitz war und daher als herrenlos betrachtet wurde.

1226 rief der polnische Herzog Konrad von Masowien den Hochmeister des Deutschen Ordens, Hermann von Salza, zur Hilfe gegen die Pruzzen, die im Gebiet des späteren Westpreußen siedelten und sich der Missionierung widersetzten. 1230 überließ er dem Orden das Kulmer Land, das dieser als Reichslehen auf sich übertragen ließ.

Die ersten Ritter trafen an der Weichsel ein und gründeten die Burg Thorn (Toruń), weitere Burgen entstanden in Elbing, Kulm und Marienwerder. Planmäßig wurden Dörfer und Städte angelegt, deutsche Siedler wurden zur Erschließung der eroberten Gebiete ins Land geholt, dessen Missionierung um 1280 abgeschlossen war. Nun begann der Ausbau der Macht des Ordensstaates. 1309 verlegte der Hochmeister Siegfried von Feuchtwangen seinen Sitz von Venedig in die 1274 von Landmeister Konrad von Thierberg am Ufer der Nogat angelegte Marienburg (Malbork), eine der mächtigsten Wehranlagen des Mittelalters und das Zentrum des Ordensstaates. An Stelle der älteren Vorburg wurde ein zweites Haus, das Mittelschloß, für den Hochmeister und die Ordensregierung erbaut, die Konventskirche wurde erweitert. Schließlich entstand der Hochmeister-Palast, der allerdings erst 1398 vollendet wurde.

Die Verwaltung des Ordensstaates war straff gegliedert, der auf Lebenszeit gewählte Hochmeister regierte als absoluter Herrscher und befehligte die stärkste Streitmacht der damaligen Zeit. 1308 eroberten die Ritter Danzig, 1309 brachten sie ganz Pommerellen in ihren Besitz, 1332 auch Kujawien, 1346 Estland - zur Zeit der größten Ausdehnung reichte das Ordensland bis weit ins Baltikum hinein. Die wirtschaftliche Basis des Ordens waren das sogenannte Bernstein-Regal, die Monopolstellung im Bernsteinhandel, und der Seehandel über Danzig und die übrigen Hansestädte in seinem Herrschaftsbereich.

Die Folgezeit war gekennzeichnet durch Auseinandersetzungen um Gebietsansprüche und Handelsinteressen, da der Orden seine Missionsaufgaben spätestens nach der 1386 - durch die Vereinigung mit Polen - erfolgten Christianisierung Litauens verloren hatte. Höhepunkt der Streitigkeiten zwischen Polen und dem Deutschen Orden war 1410 die Schlacht bei Tannenberg (und Grünfeld, daher in Polen: Schlacht bei Grunwald), als die Ritter unter Hochmeister Ulrich von Jungingen dem vereinigten polnisch-litauischen Heer unterlagen. Damit begann der Niedergang des Ordens, dessen Macht im 13jährigen Krieg zwischen 1454 und 1466 endgültig gebrochen wurde. Bereits 1440 hatten sich 19 Städte (darunter Danzig) und 53 Angehörige des Landadels zum »Preußischen Bund« zusammengeschlossen, der sich gegen den absoluten Machtanspruch des Deutschen Ordens richtete. 1454 verweigerten die Bürger von Danzig dem Orden den Gehorsam und lösten so den Krieg aus. Durch den 2. Frieden von Thorn wurde Danzig eine unabhängige Stadt im polnischen Königreich, Polen erhielt das Kulmer Land sowie einen Teil der pruzzischen Gebiete mitsamt der Marienburg. Außerdem mußte der Großmeister, dessen Sitz nach Königsberg verlegt wurde, die Oberhoheit des polnischen Königs über das übrige Ordensland anerkennen. 1525 wandelte der letzte preußische Hochmeister Albrecht von Brandenburg, der zuvor den lutherischen Glauben angenommen hatte, den Rest des verbliebenen Ordensstaats in das weltliche Herzogtum Preußen um und leistete dem polnischen König Sigismund I. auf dem Marktplatz von Krakau den Lehnseid.

Der Ordensstaat um 1400

Die Geschichte des Deutschen Ordens besitzt für das Verhältnis von Deutschen und Polen eine große symbolische Bedeutung, vor allem, seit sie im 19. Jahrhundert von beiden Seiten im Zeichen des Nationalismus stilisiert wurde: Henryk Sienkiewicz zeichnete in seiner Romantrilogie »Krzyżacy« (Kreuzritter) ein düsteres Bild des militanten deutschen »Drangs nach Osten«; General Ludendorff bezeichnete die großräumige Umfassungsschlacht, in der die russische Armee 1914 in Ostpreußen besiegt wurde, in Erinnerung an die Niederlage 500 Jahre zuvor als »Schlacht bei Tannenberg«.

Wintersport auf der Frischen Nehrung

Rybackie. Wenn sie sich auf den Bäumen niederlassen, bietet sich ein bizarres Bild: schwarze Vögel in kahlen, von Kot weißgetünchten Ä sten.

Mußevoll nähert man sich der Frischen Nehrung mit der Schmalspurbahn: Ein mittels Dampfmaschine betriebener Zug verkehrt auf einer 20 km langen Strecke von Jantar (Junkeracker) nach Sztutowo (Stutthof). Einen Zwischenstopp kann man im Ferienort Stegna (Steegen) einlegen, dessen attraktiver Dünenstrand alljährlich von über 10.000 Touristen, vorwiegend Campingurlaubern, besucht wird. Baden ist hier allerdings – wie in der gesamten Danziger Bucht – nicht zu empfehlen, zu nahe sind die Industriebetriebe der Dreistadt. Wer sich abends in Stegna aufhält, kann in der Fachwerkkirche des Ortes einem Orgelkonzert lauschen.

Nur wenige Kilometer östlich wird der Reisende abrupt mit Zeugnissen nationalsozialistischer Vernichtungspolitik konfrontiert. In Sztutowo (Stutthof), dem ersten außerhalb des Deutschen Reiches errichteten Lager, wurden bis Kriegsende über 80.000 Menschen ermordet. Das Lager diente anfangs vor allem der Vernichtung der polnischen Intelligenz und des polnischen Widerstands. Fein säuberlich aufgereiht finden sich Gaskammer, Krematorium und Galgenplatz, dazu die Baracken, in denen die Gefangenen dem Tod entgegenlebten. Als sich die Rote Armee im Januar 1945 näherte, wurden die überlebenden Lagerinsassen »evakuiert«. Die Häftlingskolonnen wurden zum Sterben in Marsch gesetzt: Tausende verhungerten und erfroren - irgendwo zwischen Sztutowo, Pruszcz Gdański und Lębork.

Unmittelbar östlich des Lagers beginnt das Naturschutzgebiet der Frischen Nehrung. Eine malerische Straße führt über Kąty Rybackie (Bodenwinkel) schnurgerade ostwärts, nach 20 km ist **Krynica Morska** (Kahlberg) erreicht: eines der beliebtesten Ferienziele der Danziger Bucht - mit herrlichen Stränden an der Nordseite, Ferienheimen und Gästehäusern. Im Sommer starten von der Haffseite Ausflugsschiffe nach Elbląg, Tolkmicko und Frombork.

Kurz hinter dem verschlafenen Fischerdorf **Piaski** (Neukrug) erreicht die Straße die quer durch die Frische Nehrung verlaufende Grenze zu Rußland: Links fällt der Blick auf die von Wellen gekräuselte Ostsee, rechts breitet sich spiegelglatt das Haff aus. Eine Weiterfahrt in östlicher Richtung ist vorerst nicht möglich.

Unterkunft

Gästehaus Gabriela, ul. Gdańska 87, Krynica Morska, Tel. 0507-6122, 20 Zimmer, untere Preisklasse: knapp 1 km vom Meer entfernt

Gästehaus Siarkopol, ul. Robotników 8, Krynica Morska, Tel. 6189, 31 Zimmer, untere Preisklasse

Camping Nr. 178, Jantar, Tel. 2050, 300 Stellplätze, 9 Miethütten: 4 ha große Anlage auf Dünengelände, vom ADAC als »Platz für Naturliebhaber« empfohlen

Camping Nr. 180, Stegna Port, Tel. 8294, 180 Stellplätze: Schattenreiche Anlage an der Steilküste

Museum

Museum Stutthof (Muzeum Martyrologii), tgl. außer Mo: 1.5.-30.9. 8-18 Uhr, 1.10.-30.4. 8-15 Uhr. Das Besucherbüro vermittelt auf Anfrage Führungen, vorherige Anmeldung ist sinnvoll. Kindern unter 13 Jahren ist der Zutritt zum Museum untersagt.

Stutthof

Am 2. September 1939 begann die Geschichte des KZ Stutthof mit der Internierung von 150 polnischen Aktivisten aus Danzig. Pläne für das Lager gab es schon vor Beginn des Krieges. Stutthof diente in den ersten Jahren zur Ermordung der polnischen Intelligenz zuerst aus Danzig, später aus allen besetzten Teilen Polens. Ab Juni 1944 wurde Stutthof in das KZ-System zur »Endlödung der Judenfrage« einbezogen und somit zu einem Vernichtungslager.

Viele Überlebende haben nach dem Krieg von ihren Erinnerungen berichtet. Eine davon ist Jeanette Wolff, Sozialistin und Jüdin aus dem Ruhrgebiet. Sie wurde mit ihrer Familie nach Riga deportiert und später nach Stutthof verschleppt. Dort findet sie ihre jüngste Tochter wieder und es gelingt ihnen, in der Schreibstube zu arbeiten.

Am nächsten Tag kam eine von Maxens Freundinnen (Max war KZ-Aufseher in Stutthof) in die Schreibstube, unterhielt sich mit uns und gab im Laufe der Unterhaltung meiner Tochter eine Zigarette. Alle wollten gern einmal ziehen, und so ging die Zigarette reihum. Als gerade eine junge lettische Frau den Rest der Zigarette in der Hand hielt, kam Max herein. Auf seine Frage, woher die Zigarette komme, sagte sie, von meiner Tochter. Max schrie darauf auf meine Tochter ein: »Du verfluchte Judensau, wo hast du die Zigarette her?« Nachdem meine Tochter ihm auf diese Frage keine Antwort gab, schrie er weiter: »Wenn du nicht sagst, woher du die Zigeratte hast, wirst du aufgehängt.« Mein Mädel schwieg, da sie niemand in Gefahr bringen wollte, kannten wir doch Max zur Genüge. Wutbebend gab er meiner Tochter eine Ohrfeige, daß sie taumelte. Noch vier Tage nachher konnte sie nichts hören. Dann sagte er: »Heute abend beim Appell meldest du dich bei mir, ich ziehe dir dann fünfundzwanzig auf. Du weißt, was das bedeutet. Na, hast du keine Angst?« Sie antworte ihm nur kurz: »Nein.« Mir, als Mutter, krampfte sich das Herz zusammen, und die anderen, besonders die junge Lettin, waren tieftraurig. Langsam ging der Tag zur Neige. Zum Appell ging meine Tochter fort, und wir glaubten sie schon verloren. Nach ungefähr einer Stunde kam sie zurück. Max hatte sie aufgeschnallt und immer wieder gefragt: »Hast du noch keine Angst?« und »Willst du den Namen nicht nennen?« Sie verneinte immer wieder, und nach 35 Minuten schnallte er sie ab, und sie wurde mit den Worten »Na, feige bist du ja nicht« und einem Fußtritt entlassen. Was wir beide empfanden, als wir uns wiedersahen, kann kein Mensch ermessen, und in diesem Moment gelobten wir uns: Weg von Stutthof, sobald wie möglich und ganz gleich wohin.

Literatur: Hermann Kuhn (Hg.),
Stutthof - Ein Konzentrationslager vor den Toren Danzigs, Bremen 1995

Informationen von A-Z

Anreise

Besucher aus Deutschland, Österreich und der Schweiz benötigen für ihren Aufenthalt in Polen kein Visum, es genügt ein Reisepaß, der noch mindestens 6 Monate über die geplante Aufenthaltsdauer hinaus gültig ist.
Wer Katzen und Hunde mitführen will, muß bei der Einreise die Gesundheitsbescheinigung eines deutschen Tierarztes vorlegen. Ist ein mehr als dreimonatiger Aufenthalt geplant, so ist beim Konsulat bzw. bei der Botschaft ein entsprechender Antrag zu stellen.

Mit dem Auto

Zur Einreise benötigen Autofahrer den nationalen Führerschein und die grüne Versicherungskarte. Für Wohnwagenanhänger wird eine zusätzliche Versicherungskarte benötigt. Ebenfalls erforderlich sind Warndreieck, Verbandskasten und Nationalitätenkennzeichen. Wurde die grüne Versicherungskarte daheim vergessen, so kann an der Grenze eine Zusatzversicherung abgeschlossen werden. Dies ist allerdings mit erheblichen Kosten verbunden.
Da der Grenzübergang bei Ahlbeck/Świnoujście bisher nur für Fußgänger und Radfahrer freigegeben ist, müssen Autofahrer mit den weiter südlich gelegenen Übergängen vorliebnehmen. Meist problemlos und schnell verläuft die Abfertigung bei Pomellen/Kołbaskowo, auf der E 65 fährt man dann weiter in Richtung Küste.
Weitere Grenzübergänge von Nord nach Süd:
*Linken-Lubieszyn
*Schwedt-Krajnik Dolny
*Hohenwintzen-Osinów Dolny
*Kietz-Kostrzyń
*Frankfurt/Oder (Stadt)-Słubice
*Frankfurt/Oder (E 30)-Świecko
*Guben-Gubin
*Forst-Olszyna
*Bad Muskau-Łęknica
*Görlitz-Zgorzelec
*Zittau-Sieniawka
Hinweis: Reisende aus Süddeutschland, der Schweiz und Österreich können auch die tschechischen und slowakischen Übergänge benutzen.

Mit dem Bus

Von den Busbahnhöfen deutscher Großstädte fahren Busse zu allen wichtigen Städten entlang der polnischen Ostseeküste, nach Stettin und Danzig. Besonders umfassend ist das Angebot der Deutschen Touring GmbH. Fahrplan- und Preisinformationen erteilen Büros in folgenden Städten:
60486 Frankfurt/Main, Am Römerhof 17, Tel. 069-79030
80335 München, Arnulfstr. 2, Tel. 089-591824
20097 Hamburg, Adenauerallee 78, Tel. 040-249818
50668 Köln, Breslauer Platz, Tel. 0221-137784

Tip für die Rückfahrt:

Man muß nicht im teuren Hotel Radisson wohnen, um in den Genuß des von der Hotelleitung organisierten täglichen Shuttle-Service Stettin-Berlin zu kommen. Die Fahrtdauer beträgt knapp 3 Stunden, der Preis beläuft sich auf ca. 30 DM.

Mit dem Zug

Der *Mare Balticum*, ein Interregio, der frühmorgens in Berlin-Lichtenberg startet, erreicht zwei Stunden später Szczecin (Stettin). Mit diesem Zug können auch Fahrräder transportiert werden. Ab Szczecin hat man Anschluß nach Świnoujście und Kołobrzeg, die Hauptstrecke verläuft über Koszalin und Słupsk nach Gdynia.
Studenten, die im Besitz eines gültigen ISIC-Ausweises sind, erhalten beim Kauf eines internationalen Tickets 50% Ermäßigung auf der polnischen Strek-

ke. Das polnische Reisebüro Polorbis bietet allen Urlaubern den Kauf eines Polrail-Passes an, der unbegrenztes Fahren mit allen polnischen Zügen erlaubt (nur erhältlich in den deutschen Filialen!). Die Gültigkeitsdauer von 8, 15 bzw. 21 Tagen oder von einem Monat ab Datum der Ausstellung kann der Reisende selbst bestimmen. Allerdings rentiert sich für alle, die nur dem Norden Polens einen Besuch abstatten möchten, diese Karte voraussichtlich nicht. Gleiches gilt für die Euro-Domino-Karte, die im fremden Land alternativ an 3, 5 oder 10 frei wählbaren Tagen innerhalb eines Monats benutzt werden kann. Sie wird ebenso wie der Polrail-Paß namentlich ausgestellt, ist deshalb nicht übertragbar.

Mitnahme von Fahrrädern

Bisher gibt es nur den bereits genannten Fernzug nach Stettin bzw. Danzig, in dem das Rad im Gepäckwagen mitgenommen werden kann (Radreservierung bitte nicht vergessen). Ansonsten muß das Rad mehrere Tage im voraus als Gepäckstück aufgegeben werden; am Zielbahnhof wartet es in der Gepäckaufbewahrung auf seinen Empfänger.

Mit dem Flugzeug

Die polnische Fluggesellschaft LOT fliegt ab Hamburg täglich nach Danzig, Posen wird ab Düsseldorf angeflogen. Nach Warschau gelangt man von Hamburg, Berlin, Köln/Bonn, Frankfurt, Zürich und Wien, Anschlußflüge gibt es von der polnischen Hauptstadt nach Danzig und Stettin. Die Fluggesellschaft LOT versorgt den Kunden mit einem umfassenden Veranstaltungskalender für das laufende Jahr (Messen, Ausstellungen, Festspiele, Kulturwochen und Folklore). Nähere Auskünfte erteilen die städtischen LOT-Büros, wo auch Flugtickets vorbestellt und gekauft werden können:

*10787 Berlin, Budapester Str. 18, Tel. 030-2611505
*40474 Düsseldorf, Flughafen Lohausen, Abflug Ebene B, Tel. 0211-4216753
*20099 Hamburg, Ernst-Merck-Str. 12–14, Tel. 040-244747
*51443 Köln, Trankgasse 7–9 (Deichmannhaus), Tel. 0221-133078
*60329 Frankfurt/Main, Wiesenhüttenplatz 26, Tel. 069-231981
*A-1010 Wien, Schwedenplatz 5, Tel. 0222-5339810
*CH-8001 Zürich, Schweizergasse 10, Tel. 01-2115390

Mit dem Segelboot

Segler benutzen den Grenzübergang bei Warpno im Stettiner Haff. Anlegemöglichkeiten gibt es im Stettiner Haff in Trzebież und Kamień Pomorski (jeweils mit Segelzentrum), ferner in Świnoujście, Dziwnów, Niechorze, Mrzeżyno, Dzwirzyno, Kołobrzeg, Darłowo, Ustka, Rowy, Łeba und Władysławowo. In der Danziger Bucht gibt es Yachthäfen in Gdańsk, Gdynia, Puck, Kuźnica und Hel, am Frischen Haff in Kąty Rybackie, Krynica Morska, Piaski, Frombork und Tolkmicko.

Mit der Fähre

Zwischen Deutschland und Polen gibt es keine Fährverbindung. Wer aber eine Skandinavientour mit der Reise nach Polen kombinieren will, hat die Wahl zwischen mehreren Verbindungen mit der Gesellschaft Polferries:

Kopenhagen (Dänemark) – Świnoujście: 5x wöchentlich
Rønne/Bornholm (Dänemark) – Świnoujście: 1x wöchentlich
Helsinki (Finnland) – Gdańsk: 2x wöchentlich
Malmö (Schweden) – Świnoujście: täglich
Ystad (Schweden) – Świnoujście: täglich
Oxelösund (Schweden) – Gdańsk: täglich
Karlskrona (Schweden) – Gdynia: täglich

Auskunft

Vor der Reise kann Informationsmaterial über die folgende Adresse angefordert werden:
*Polnisches Informationszentrum für Touristik, Waidmarkt 24, 50676 Köln, Tel. 0221-230545, Fax 238990
Vertretungen des polnischen Reisebüros Polorbis in Deutschland:
*20099 Hamburg, Ernst-Merck-Str. 12-14, Tel. 040-248103
*50672 Köln, Hohenzollernring 99 -101, Tel. 0221-95153420
*10243 Berlin, Warschauer Str. 5, Tel. 030-5894530
*70178 Stuttgart, Rotebühlstr. 51, Tel. 0711-612420
In Polen ist die Touristeninformation mit dem Zeichen ›it‹ markiert, doch bedeutet dies nicht immer, daß man hier auch »informiert« wird. Sehr oft geschieht es, daß hier nur noch Interesse am Besucher besteht, wenn dieser bereit ist, etwas zu kaufen. Es gibt freilich Ausnahmen, die die Regel bestätigen, so z.B. in Stettin, wo der Urlauber freundlich beraten und mit einer Fülle von Tips versehen wird.

Autoverkehr

Der **Polnische Motorverband** unterhält Dienststellen an sämtlichen Grenzübergängen und verfügt über Zweigstellen in jeder größeren Stadt. Er informiert über Verkehrsregeln und Reisebedingungen in Polen.
Straßenrandbegrenzungen gibt es in Polen selten, darum ist besonders nachts Vorsicht geboten. Die Verkehrsregeln entsprechen denen in Deutschland, Österreich und der Schweiz, allerdings hat in Polen generell derjenige Vorfahrt, der sich im Kreisverkehr befindet. Für PKW und Motorräder beträgt die Höchstgeschwindigkeit 60 km/h in geschlossenen Ortschaften, 90 km/h auf Landstraßen und 110 km/h auf Autobahnen und Schnellstraßen. Autos mit Anhänger dürfen auch auf Landstraßen und Autobahnen nicht schneller als 70 km/h fahren. Wer die Geschwindigkeitsgrenze um 20 km/h überschreitet oder Rotlicht, Überhol- und Parkverbot mißachtet, zahlt ca. 50 DM Strafe. Im Winter muß zu allen Tageszeiten mit Abblendlicht gefahren werden. Die Promillegrenze beträgt in Polen 0,2; wer des übermäßigen Alkoholgenusses überführt wird, muß mit einer Geldstrafe von bis zu 5000 DM rechnen.
Aufgrund des **Diebstahlsrisikos** empfiehlt es sich, das Fahrzeug in touristisch erschlossenen Orten stets auf bewachten Parkplätzen abzustellen und grundsätzlich nie Wertgegenstände darin zurückzulassen.
Tankstellen sind während der Sommermonate meist von 6-22 Uhr, an Sonn- und Feiertagen von 8-17 Uhr geöffnet. Das Tankstellennetz ist in Polen mittlerweile gut ausgebaut, auch bleifreies Benzin kann fast überall und zu niedrigen Preisen getankt werden.
Wichtige Telefonnummern:
*Pannenhilfsdienst Tel. 981
*Unfallrettungsdienst Tel. 999

Camping

Der jüngste ADAC-Campingführer diagnostizierte für Polen eine deutliche Verbesserung. Dies betrifft vor allem die sanitären Einrichtungen, unter denen Besucher in früheren Jahren zu leiden hatten. Eine Familie mit zwei Kindern muß auf einem polnischen Campingplatz in der Regel 15-25 DM pro Übernachtung zahlen (10% Rabatt für Inhaber eines FICC-Ausweises). Die Anlagen sind von Juni bis August, vereinzelt auch in den Monaten Mai und September geöffnet. Anlagen der obersten Kategorie verfügen über Restaurant und sanitäre Einrichtungen. Hier wie auch häufig auf Plätzen der zweiten Kategorie besteht die Möglichkeit, sich

in Campinghäusern einzumieten. Sie bieten Raum für 2-6 Personen - keine schlechte Alternative für Schlechtwetterphasen!
Aus der Vielzahl der Campingplätze entlang der Ostseeküste wurden in diesem Buch nur jene aufgeführt, die vom ADAC besonders hervorgehoben wurden. Einen Überblick über weitere Anlagen verschafft die Karte *Campingi w Polsce* (Maßstab 1:750.000).

Diplomatische Vertretungen

In Deutschland:
*Polnische Botschaft und Konsulat, Leyboldstr. 74, 50968 Köln, Tel. 0221-937300
In Österreich:
*Polnische Botschaft und Konsulat, Hietzinger Hauptstr. 42, 1130 Wien, Tel. 0222-823272
In der Schweiz:
*Polnische Botschaft, Elfenstr. 20a, 3006 Bern, Tel. 031-440452
In Polen:
*Deutsches Konsulat in Danzig, al. Zwycięstwa 23, 80219 Gdańsk-Wrzeszcz, Tel. 058-414366, Fax 412245
*Deutsches Konsulat in Stettin, ul. Krolowej Korony Polskiej 31, 70485 Szczecin, Tel. 091-225212, Fax 225133
*Botschaft der Bundesrepublik Deutschland, ul. Dąbrowiecka 30, 03932 Warszawa, Tel. 022-6173011
*Österreichische Botschaft, ul. Jurija Gagarina 34, 00748 Warszawa, Tel. 022-410081, Fax 410085
*Schweizer Botschaft, al. Ujazdowskie 27, 00540 Warszawa, Tel. 022-280481, Fax 210548

Einkäufe und Souvenirs

Lebensmittel werden angeboten in Läden mit der Aufschrift *artykuły spożywcze, delikatesy* oder *Supersam*, Kaufhäuser verbergen sich hinter den Schildern *dom twarowy* und *dom handlowy*. Die Öffnungszeiten variieren; in Stettin und Danzig gibt es erstaunlich viele 24-Stunden-Läden, doch in der Regel sind die Geschäfte nur Mo-Fr 8-18 sowie Sa 8-13 Uhr geöffnet.
Schönstes Mitbringsel von einer Reise nach Polen ist **Bernstein**, das ›Gold der Ostsee‹: ein transparentes, ockerbraun schimmerndes Material, das zu Ketten, Broschen und Ohrringen verarbeitet wird. Oft sind ihm fossile Insekten und Pflanzen eingekerbt, die sein Geheimnis vertiefen und zugleich seinen Ursprung verraten. Bernstein besteht aus Baumharz, der sich im Laufe von Jahrtausenden verfestigte und vom Meer an die Küste gespült wird.
Besonders viele Geschäfte mit Bernsteinschmuck gibt es in Danzig, vor allem entlang der Mottlau sowie in den Straßen Długa und Mariacka. Einen Besuch lohnen auch die staatlichen Cepelia-Läden, in denen originelles **Kunsthandwerk** aus allen Teilen Polens angeboten wird. Man findet sie in allen größeren Städten, sie offerieren handgestrickte Pullover und bemalte Gläser, naive Skulpturen und Schmuck.

Essen und Trinken

Um all jenen, die zum ersten Mal ein polnisches Restaurant besuchen, die Bestellung zu erleichtern, sollen die wichtigsten Gerichte kurz erläutert werden. Zum Auftakt wird in Polen gerne *Barszcz* verzehrt, eine würzige Rote-Rüben-Suppe, die oft auch als *Barszcz z uszkami* auf der Speisekarte aufgeführt ist: mit Fleisch gefüllte Teigtaschen, die in der Suppe schwimmen, werden liebevoll als ›Öhrchen‹ (uszky) bezeichnet. Eine weitere Variante nennt sich *Barszcz z krokotkiem*. In diesem Fall wird eine knusprige Fleischkrokette in die Suppe getaucht. Als Alternative bie-

tet sich *Żurek* an, eine köstliche Saure-Sahne-Suppe mit Kartoffelstückchen, in der oft ein ganzes Ei auf dem Grund liegt. Im Sommer wird die Suppe als *Chłodnik* (Kaltschale) aufgetischt, angereichert um kleingeschnittene Salz-Dill-Gurken. In den Restaurants Kaschubiens empfiehlt sich Nußsuppe, oft wird sie in buntbemalten Keramikkrügen serviert.
Als Hauptgericht erfreuen sich Pierogi größter Beliebtheit. Die Teigtaschen werden mit verschiedenen Füllungen zubereitet. Am häufigsten ißt man Pierogi ›po ruskie‹ mit einer schmackhaften Käsequark-Zwiebel-Füllung; manchmal sind sie auch mit Sauerkraut, Pilzen oder Fleisch anzutreffen. Zu den Pierogi läßt man sich Saure Sahne (Śmietana) reichen oder trinkt Kefir. Wer Teigtaschen nicht mag, kann auf Bigos zurückgreifen, ein nahrhaftes Gericht aus gedünstetem Sauerkraut, Speck, Zwiebeln und Pilzen, abgerundet mit Lorbeer und Kümmel, rot eingefärbt durch die Beigabe von Paprika.
Als Nachtisch wird Kompott in allen erdenklichen Varianten serviert; polnischer Wodka rundet die Mahlzeit ab.
Auf der Speisekarte eleganter Restaurants sucht man vergeblich nach Pierogi und Bigos, Żurek und Barszcz. Diese Gerichte gelten als Arme-Leute-Essen, nobler Küche unwürdig. Im Edel-Restaurant empfiehlt es sich, die Mahlzeit mit ›Karpfen auf jüdische Art‹ einzuleiten. Werden auf der Karte geräucherter Lachs oder delikat eingelegte Pilze offeriert, so sind auch sie nicht zu verschmähen. Als Hauptmahlzeit wählt man an der Ostseeküste natürlich gern ein Fischgericht. Zu den beliebtesten zählen Aal und Zander, Karpfen, Hecht und Barsch. Wer Fleisch bevorzugt, greift zu süßsauer gebeiztem Enten- oder Hasenbraten mit geschmorten Äpfeln, Eis oder Kuchen könnten folgen. Zum Essen wird russischer Sekt genossen – und zur Verdauung schließlich darf auch hier, in den feineren Kreisen, der Wodka nicht fehlen. Das klassenübergreifende Nationalgetränk wird in über 10 Geschmacksrichtungen offeriert – die koschere Variante gilt als besonders hochprozentig. In den Edelrestaurants Danzigs beschließt man die Mahlzeit gern mit ›Goldwasser‹, einem Anislikör, auf dessen Grund einige Körnchen echten Goldes schwimmen.

Preisklassen

Für eine Mahlzeit inklusive Getränk muß man in der oberen Preisklasse über 40 DM, in der mittleren Preisklasse 20–40 DM und in der unteren Preisklasse weniger als 20 DM zahlen.

Feiertage

1. Januar (Neujahrstag)
6. Januar (Tag der Heiligen Drei Könige)
Ostern
1. Mai (Tag der Arbeit)
3. Mai (Tag der Verfassung)
Fronleichnam
Pfingsten
15. August (Mariä Himmelfahrt)
1. November (Allerheiligen)
11. November (Unabhängigkeitstag)
Weihnachten
Keine arbeitsfreien Tage sind Karfreitag und Ostermontag sowie Pfingstmontag.

Feste und Veranstaltungen

Während des gesamten Sommers finden Musikveranstaltungen in zahlreichen Städten der Ostseeküste statt. Konzerte mit Orgel- und Kammermusik gibt es im Rahmen von Festivals in Kamień Pomorski und Koszalin, in Gdańsk, Frombork und Elbląg.

April

Während der Osterwochen: **Stettiner Theatertage** im Klub 13.

Mai

In der letzten Maiwoche wird das **Stadtfest** der ehemaligen Hansestadt

Köslin mit Konzerten und Ausstellungen gefeiert.

Juni

An Fluß- und Küstenstädten werden am **Johannistag,** dem längsten Tag des Jahres, Blumenkränze ins Wasser gelassen, oft sind sie mit brennenden Kerzen geschmückt.
Musica Sacra: Unter diesem Titel wird zu religiöser Musik in die Kathedrale von Oliwa eingeladen.
Am Abend des 29. Juni: **Fest der Pilgerfischer** in Puck.
Zur Monatswende werden **Tage der Meereskultur** in vielen Städten der Ostseeküste zelebriert, z.B. in Szczecin, Ustka, Łeba und Gdynia.

Juli

Studenten aus allen Teilen Polens konkurrieren um die Preise beim **Künstlerfestival Fama** in Świnoujście.
In der ersten Monatshälfte kommen herausragende Ensembles aus dem In- und Ausland zum **Chorfestival** nach Międzyzdroje.
Volkskunst aus aller Welt wird beim Internationalen **Folklore-Treff** in Kołobrzeg vorgestellt. Die Konzerte finden im Amphitheater statt, teilweise auch in der Konzertmuschel im Kurpark. Die Veranstaltungsreihe beginnt mit einer Straßenparade der beteiligten Gruppen und endet mit einem großen Fest am Strand.
Alle fünf Jahre, nach 1996 also erst wieder 2001, treffen sich in Koszalin nationale und exilierte Musikensembles zum Weltfestival des polnischen Liedes.
In Puck wird zu einer Segelregatta eingeladen, in Wolin möchte man die Idee eines Wikingerfestivals wiederbeleben.

August

Der in Danzig seit dem 12. Jahrhundert abgehaltene **Dominikanermarkt** wurde zu neuem Leben erweckt, alljährlich findet er in der ersten Augusthälfte statt.
Gleichfalls traditionsreich: der **Jamneński-Jahrmarkt** von Koszalin.
Tausende von Besuchern lauschen in der alten Waldoper von Sopot einem **Liederfestival**, alternativ ein **Jazz-Weekend** auf der Seebrücke.

September

Internationale **Shakespeare-Tage** im Danziger Theater Wybrzeże.
In Słupsk treffen sich Klassikfreunde zum **Festival der polnischen Klaviermusik**, in Lębork zum traditionellen **Musikherbst**.
Rockfans versammeln sich zum **Rock-'n '-Roll-Festival** in Stettin.

Oktober

Kammermusikabende von Kołobrzeg: Jeweils mittwochs treten die bekanntesten Ensembles des Landes auf.

November

Filmfest von Gdynia: Ausgezeichnet werden die besten polnischen Filme des Jahres.

FKK

An der gesamten Ostseeküste gibt es nur einen einzigen offiziellen Nacktbadestrand. Er befindet sich bei Krynica Morska auf der Frischen Nehrung. Zu den bekanntesten »inoffiziellen« Nudisten-Treffs gehören der Strand von Lubiewo westlich Międzyzdroje und der Strand von Chałupy auf der Halbinsel Hel.

Flugverkehr

Bei Goleniów (Gollnow) nordöstlich von Stettin wurde ein Flughafen eingerichtet, von dem Flüge zu den wichtigsten polnischen Städten starten. Der Flughafen in Gdańsk-Rębiechewo wird auch vom Ausland aus, z.B. von Hamburg angeflogen. Die Fluggesellschaft LOT nimmt in den Stadtbüros von Stettin und Danzig Reservierungen vor:
*Szczecin, al. Wyzwolenia 17, Tel. 091-339926, Flughafen Goleniów, Tel. 182708

*Gdańsk, ul. Wały Jagiellońskie 2/4, Tel. 058-311161, Fax 312621, Flughafen Gdańsk-Rębiechewo, Tel. 413141
*Gdynia, ul. 3 Maja 27/31, Tel. 058-201358, 208579

Geld

Noch bis Ende 1996 sind zwei Währungen gleichzeitig im Umlauf. Für 1 DM bekommen Besucher entweder 18.000 alte oder 1,80 neue Złoty (Stand: November 1995). Polnische Banken sind Mo-Fr 8-17 Uhr, vereinzelt auch Sa 8-13 Uhr geöffnet. Euro- und Reiseschecks können nur in Banken eingelöst werden, Bargeld kann in Wechselstuben (*Kantor*) vielfach günstiger eingetauscht werden. Zahlen mit Kreditkarten ist möglich, bisher allerdings nur in größeren Hotels und Restaurants, in Flugbüros und Autovermietungen.

Klima und Reisezeit

Die polnische Ostseeküste liegt im Einflußbereich des westlichen mild-ozeanischen Klimas wie auch des östlichen Kontinentalklimas, das sich durch starken Temperaturgegensatz zwischen Sommer und Winter auszeichnet. Im Frühjahr ist es an der Küste vergleichsweise kühl, das Meer erwärmt sich nur langsam. Recht abrupt setzt der Sommer ein, die Wassertemperatur steigt in den Monaten Juni bis August auf 18-21 °C. Auch der September ist zumeist sonnig und trocken, herbstliche Witterung macht sich erst ab Mitte Oktober bemerkbar. Der Winter ist naß und kalt, polare Luftmassen aus dem Norden und Osten sorgen für Frost und Schnee; das Stettiner Haff im Westen und das Frische Haff im Osten bleiben längere Zeit vereist.
Ein spezifisches Klima weist aufgrund ihrer geographischen Lage die Halbinsel Hel auf. Tagsüber ist es hier kühler, nachts milder als in anderen Gegenden Polens: Höchst- und Tiefsttemperatur liegen durchschnittlich nur 8 °C auseinander.

Kur und Erholung

Die Existenz von Sol- und Moorbädern, Mineralquellen und einem spezifischen Heilklima haben vielen Küstenorten den Status eines Kurorts verschafft. Schon im 19. Jahrhundert erkannte man ihre gesundheitsfördernde Wirkung: Bürger entdeckten die ›Lust nach Meer‹, frische Seebrise und Weite des Horizonts wurden als Befreiung von großstädtischer Enge empfunden. Die bekanntesten Ostseebäder sind auch heute noch Świnoujście (Swinemünde) und Międzyzdroje (Misdroy), Kołobrzeg (Kolberg), Kamień Pomorski (Cammin) und Krynica Morska (Kahlberg). Sanatorien und Hotels mit therapeutischen Einrichtungen stehen ganzjährig bereit, versprechen Linderung bei einer Vielzahl von Krankheiten.

Medizinische Versorgung

Zwischen Polen und Deutschland besteht kein Krankenversicherungsabkommen. Ärztliche Hilfe und Dienstleistungen, auch Kosten für einen Kuraufenthalt, müssen deshalb bar in Złoty bezahlt werden. Da eine Erstattung der polnischen Arztkosten durch die deutsche Krankenkasse nicht vorausgesetzt werden kann, empfiehlt sich der Abschluß einer Zusatzkrankenversicherung für das Ausland.
Apotheken (polnisch: *apteka*) sind normalerweise von 10-19 Uhr geöffnet. Die Arzneimittel sind in der Regel bedeutend preiswerter als in Deutschland. An der Tür oder im Schaufenster wird angezeigt, welche Apotheke für den Nachtdienst zuständig ist.

Mietwagen

In Stettin und Danzig gibt es die Möglichkeit, ein Auto zu mieten; das Mindestalter beträgt 21 Jahre. Preiswert ist dieses Vergnügen nicht. Für die Miete eines Opel Corsa oder Renault R5 sind für 24 Stunden (bei unbegrenzter Kilometerzahl) immerhin über 100 DM zu zahlen, zu den renommiertesten Verleihfirmen zählen Avis und Hertz. Bezahlung mit Kreditkarten ist möglich.
*AVIS, ul. Długa 76, Gdańsk, Tel. 058-318818, Fax 318824
*Hertz Rent A Car, ul. Heweliusza 22, Gdańsk, Tel. 058-314045, Fax 313110
*Hertz Rent A Car, ul. Południowa 7, Szczecin, Tel. 091-821052, Fax 820750
*Lux Autorent, ul. Malczewskiego 10, Szczecin, Tel. 091-240001

Öffentliche Verkehrsmittel

Stadtverkehr

Für Busse und Straßenbahnen im Stadtverkehr kauft man Fahrkarten am Kiosk, der Kauf beim Fahrer ist teurer. Die Karte muß bei Fahrtantritt beidseitig entwertet werden, sie berechtigt zu einer Fahrt von beliebiger Länge ohne Umsteigen. Studenten und Rentner entwerten die Karte jeweils nur an einer Seite, können sie also für eine zusätzliche Fahrt benutzen. Bei jedem Umsteigen ist eine neue Karte zu lösen, ab 23 Uhr gilt der etwas teurere Nachttarif.

Eisenbahn

Die Hauptstrecke verläuft von Szczecin über Koszalin und Słupsk nach Gdynia. Gleichfalls verkehren Züge von der Oderstadt nach Świnoujście, seltener nach Kołobrzeg. Mühevoll erreichbar über Nebenstrecken sind Küstenorte wie Darłówo, Ustka und Łeba.
Wer Karten im voraus erwerben will, kann dies außer am Bahnhof auch in allen Orbis-Reisebüros tun. Die gelben Informationstafeln nennen die Abfahrt (*odjazdy*), die weißen Tafeln die Ankunft (*przyjazdy*). Eilzüge (*pośpieszny*) sind generell nicht reservierungspflichtig, ebensowenig die schwarz markierten Nahverkehrszüge. Sie halten an jeder Station und tragen die Bezeichnung *normalny* oder *osobowy*. Für Intercity- und Expreßzüge (IC, Ex, rot markiert) ist eine Sitzplatzreservierung erforderlich. Wer nachts fahren möchte und einen Schlaf- bzw. Liegewagenplatz wünscht, erkundigt sich nach *sypialny* bzw. *kuszetka*. Das Abfahrtsgleis findet man auf den Tafeln unter der Rubrik *peron*. Gleichfalls wichtig: An jedem Bahnhof befindet sich eine Gepäckaufbewahrung (*przechowalnia bagażu*).
Idyllische Schmalspurbahnen verkehren auf folgenden Strecken:
*Gryfice-Popiele-Karnice-Trzęsacz-Rewal-Niechorze-Trzebiatów (55 km)
*Gryfice-Popiele-Golczewo-Stepnica (58 km)
*Gryfice-Tąpadły-Brojce (15 km)

Bus

Zumindest auf Kurzstrecken sind Busse den Zügen vorzuziehen. Sie fahren häufiger und verbinden auch viele Küstenorte untereinander. In der Regel befindet sich der Busparkplatz neben dem Hauptbahnhof, dort wird auch das Tikket (*bilet*) gekauft.

Ökotourismus

Die Nachfrage nach Ferienquartieren auf dem Lande steigt. Unterkünfte in Pensionen und auf Bauernhöfen vermitteln u.a.:
*Zentrale für den Landurlaub, Heerstr. 73, 53111 Bonn, Tel. 0228-631285, Fax 0228-631286
*European Centre for Eco Agro Tourism, Brinkstr. 48, 49143 Bissendorf, Tel./Fax 05402-5046
Hübsche Hotels abseits großer Touristenströme kann man über Polonia-Tours buchen. Die Unterkünfte sind

von großen Parks umgeben und liegen vielfach in landschaftlichen Schutzgebieten. Besonders zu empfehlen: ein Landschloß nahe der Ostsee 18 km östlich von Łeba und die ehemalige Sommerresidenz von Göring im Dorf Grodno auf Wolin.
*Polonia-Tours, Robertstr. 19, 30161 Hannover, Tel. 0511-624514, Fax 3941277

Post und Telekommunikation

Post

Die Hauptpost ist in der Regel von 8-20 Uhr geöffnet, Briefmarken erhält man hier, aber auch in vielen Hotels und Kiosken. Die Beförderung von Karten und Briefen dauert häufig bis zu 10 Tagen.
Wer bei Reiseantritt seine genaue Urlaubsanschrift noch nicht kennt, kann sich die Post an den gewünschten Ort zusenden lassen. Sie wird im Hauptpostamt des Urlaubsortes aufbewahrt, sofern sie mit dem Zusatzvermerk *Poste Restante* versehen ist.

Telefon

In größeren Städten werden Telefonkarten zu 50 Einheiten bereits eingeführt, in den Dörfern jedoch läßt die Modernisierung noch auf sich warten. Für Anrufe aus öffentlichen Telefonzellen oder auch aus Hotels, Restaurants und Cafés benötigt man hier weiterhin *Żetony*, spezielle Münzen, die man bei der Post, in Fahrkartenkiosken und an Garderoben von Gaststätten und Cafés erhalten kann. Legen Sie die Münze in den vorgesehenen Schlitz und wählen Sie die Nummer. Ist die Verbindung hergestellt, wird die Münze automatisch vom Apparat aufgenommen (Höchstdauer: 3 Minuten im Ortsgespräch).
Schwierig gestaltet sich noch immer der Telefonverkehr von Polen nach Deutschland. Oft dauert es - nach Anmeldung über das örtliche Fernamt - über eine Stunde, bis die gewünschte Verbindung hergestellt ist. Es gelten die folgenden Vorwahlnummern:
*nach Deutschland: 0049
*nach Österreich: 0043
*in die Schweiz: 0041

Notruf

997 Polizei
998 Feuerwehr
999 Rettungsdienst
987 Autopannendienst
981 Straßenhilfsdienst (Polnischer Motorverband)
Weitere wichtige Telefonnummern, die in ganz Polen gelten und keiner Vorwahl bedürfen:
900 Tel.-Vermittlung für Ferngespräche innerhalb Polens
901 Tel.-Vermittlung für Auslandsgespräche
905 Telefonische Telegrammaufgabe
913 Telefonauskunft
919 Taxi
Hinweis für alle, die von Deutschland aus eine Hotelunterkunft buchen wollen: Polen hat die Vorwahlnummer 0048!

Radwandern

Verleih von Rädern ist in einigen Hotels und fast allen Gästehäusern möglich. Im Sommer freilich sind sie oft ausgebucht, weshalb es ratsam erscheint, den eigenen Drahtesel mitzunehmen. Transport von Rädern ist in Bussen nicht möglich, wohl aber in Zügen, sofern diese über einen Gepäckwagen verfügen (auf dem Fahrplan mit einem ›B‹ gekennzeichnet). Man muß das Rad auf dem Bahnsteig zum Gepäckwagen bringen und es am Zielbahnhof dort wieder abholen. Den nötigen Zusatzfahrschein erwirbt man am Kassenschalter. Weitere Informationen erteilt der Allgemeine Deutsche Fahrrad-Club:
*ADFC, Hollerallee 23, 28209 Bremen, Tel. 0421-346290

Kombinierte Fahrrad-Studienreisen werden von Studiosus angeboten, Radwanderungen durch Pommern bzw. Nordpolen von Determann & Kreienkamp sowie in naTOURa. Empfehlenswert ist auch die vom ADFC vermittelte Reise »Mit dem Rad in 12 Tagen durch Pommern«. Die Teilnehmer starten mit dem Zug von Berlin nach Stettin, fahren per Rad über Kamień Pomorski entlang der Küste nach Kołobrzeg und Koszalin, lernen den Slowinzischen Nationalpark und die Kaschubische Schweiz kennen, besuchen Gdańsk und die Pommersche Seenplatte.

*Studiosus Studienreisen, Trappentreustr. 1, 80339 München, Tel. 089-500600, Fax 5021541

*Determann & Kreienkamp, Ostmarkstr. 101, 48145 Münster, Tel. 0251-37056 und 375913

*in naTOURa, Rosenstr. 5, 38102 Braunschweig, Tel. 0531-797355

*Velomobil-ADFC GmbH, Hollerallee 23, 28209 Bremen, Tel. 0421-3463916, Fax 3463960

Der beste Fahrrad-Reiseführer stammt von Herbert Lindenberg (Polen per Rad, Band 1: Norden, Berlin, 1993). Als »idyllische, verkehrsarme Etappen« werden empfohlen:

*Połczyn Zdrój - Grzmiaca - Drężno - Biały Bór (62 km)

*Łeba-Gać-Kluki-Smołdzino (32 km)

*Strzepcz - Luzino - Krokowa - Żarnowiec (59 km)

Reiseveranstalter

Mehrere Reiseveranstalter bieten Pauschalreisen zur polnischen Ostseeküste an. Die Anreise, die meistens per Bus erfolgt, ist im Preis ebenso inbegriffen wie Unterkunft, Verpflegung, Reiseleitung und Besichtigungsprogramm. Daneben gibt es Angebote für Urlauber, die ihre Anreise selbst organisieren und ausschließlich an Buchung einer Unterkunft interessiert sind. Ostseeurlauber werden fündig in Katalogen der folgenden Veranstalter:

*Darpol Reisebüro, Kaiser-Friedrich-Str. 19, 10585 Berlin, Tel. 030-3420074, Fax 030-3420076

*Ost-West-Reisebüro (Kristof Olczak), Zeppelinstr. 73, 81541 München, Tel. 089-4480934

*Ost-Reise-Service, Artur-Ladebeck-Str. 139, 33647 Bielefeld-Brackwede, Tel. 0521-142167

*Polen Reisedienst, Sesenheimer Str. 16, 10627 Berlin, Tel. 030-3135072, Fax 3126149

*Polorbis Reiseunternehmen, Hohenzollernring 99-101, 50672 Köln, Tel. 0221-9515311, Fax 528277

*TUI, Karl-Wiechert-Allee 23, 30629 Hannover, Tel. 0511-5670, Fax 5671301

Vgl. auch Öko-Tourismus, Radwandern und Sport

Rundfunk und Fernsehen

Wer im Urlaub gern einmal deutsche Nachrichten hört, schaltet die Kurzwelle ein: auf 6.075 und 3.995 KHz ist die Deutsche Welle vor allem in den Abendstunden gut zu empfangen. Eine weitere Möglichkeit bietet der Polnische Rundfunk vormittags während der Sommermonate. In seinem Ersten Programm, zu empfangen über UKW 73,7 MHZ, werden stündlich von 9-12 Uhr die wichtigsten Nachrichten in deutscher, englischer und französischer Sprache ausgestrahlt.

Das Polnische Fernsehen hat zwei staatliche und mehrere private Programme. Auf den Dächern vieler Hotels und Privatpensionen prunkt bereits eine Parabolantenne, auf vertraute Fernsehgewohnheiten muß also auch im Urlaub nicht verzichtet werden.

Schiffsverkehr

Im Sommer starten Ausflugsschiffe von Szczecin nach Świnoujście, Ka-

mień Pomorski und Dziwnów; von Świnoujście gibt es Verbindungen nach Kołobrzeg und Darłówko. Vom Fischerdorf Łeba kann man Władysławowo am Scheitelpunkt der Halbinsel Hela erreichen.
In Gdańsk starten Hafenrundfahrten an der Langen Brücke, mit der Weißen Flotte fährt man zur Westerplatte oder besucht die nördlichen Vorstädte Gdynia und Sopot; auch zur Halbinsel Hel werden Tagestouren angeboten. Spazierfahrten über das Frische Haff verbinden Krynica Morska mit Elbląg, Tolkmicko und Frombork. Höhepunkt ihrer Reise ist für viele Polenurlauber eine Fahrt auf dem Oberland-Kanal von Elbląg nach Ostróda.

Spielcasinos

Seit der Sozialismus abgedankt hat, dürfen Polens Neureiche ihr Geld in Spielcasinos verjubeln. American Roulette, Black Jack und Glücksrad kann man in Szczecin, Międzyzdroje, Sopot, Gdynia und Gdańsk spielen.

Sport

Wegen der Wasserverschmutzung ist das Baden in der Danziger Bucht und im Stettiner Haff nicht erlaubt. Alle übrigen Küstenbereiche sind weitgehend sauber, auch auf der dem Meer zugewandten Seite der Halbinsel Hel kann man bedenkenlos in die Fluten tauchen. Leihstellen für Wassersportgeräte gibt es in allen touristisch erschlossenen Küstenorten. Beliebteste Surfspots sind die Orte Dębki und Hel.
Kanuten treffen sich in der Kaschubei am Radunia-See, in der Pommerschen Seenplatte am Drawsko-See. Hier organisiert der polnische Veranstalter EKO-Tourist zweiwöchige Touren, die südwärts durch Wälder und Schluchten des neugeschaffenen Drawieński-Nationalparks führen. Die Reiseleitung spricht englisch, Information und Buchung über:
*EKO-Tourist, ul. Radziwiłłowska 21, 31-026 Kraków, Tel. 012-227003, Fax 216186
Segler finden interessante Reviere im Stettiner Haff, in der Pommerschen und Danziger Bucht sowie am Frischen Haff. Der Verband für Touristik und Landeskunde PTTK unterhält ein attraktives Schulungszentrum in Trzebież, wo preiswerte Kurse angeboten werden. Info und Buchung:
*PTTK, ul. Dworcowa 19, Szczecin, Tel. 091-336267, Fax 334653
Angler treffen sich in der Kaschubei und der Pommerschen Seenplatte oder an Strandseen entlang der Ostseeküste. Sie fangen hier Forellen, Aale, Lachsforellen und Hechte. Während der Sommermonate starten Hochseeangeltouren von den Küstenorten der Ostsee. Anglerausrüstung kann in polnischen Sportgeschäften zu extrem niedrigen Preisen erworben werden.
Wer dem Angelsport in Polen nachgehen möchte, benötigt eine Lizenz (*zezwolenie wędkarskie*). Er kann sie bei der nächsten Polizeistelle erhalten oder auch bei den staatlichen Fischereibetrieben. Information über:
*Polnischer Anglerverband, Polski Związek Wędkarski, ul. Twarda 42, 00-105 Warszawa, Tel. 022-205089
Reitzentren und Gestüte bieten ›Ferien im Sattel‹ an: Unterkunft und Verpflegung werden verknüpft mit Reitunterricht und Geländeritt. Zu den traditionsreichsten zählen Biały Bór, ein staatliches Hengstdepot 60 km südöstlich von Koszalin, sowie Łobez (Labes), ein Reitzentrum 70 km nordöstlich von Stettin. Der Polnische Reitsportverband informiert über die Anschriften der wichtigsten Gestüte:
*Polski Związek Jezdziecki, 00-010 Warszawa, ul. Sienkiewicza 12-14, Tel. 022-270197

Taxi

Taxis sind in Polen ein sehr verbreitetes und preiswertes Beförderungsmittel, doch nicht alle Unternehmen arbeiten korrekt. Es ist darauf zu achten, daß nach Fahrtbeginn der Taxameter eingestellt wird; der von ihm angezeigte Betrag wird mit einer Zahl multipliziert, die am Armaturenbrett gut sichtbar angebracht sein muß. Zwischen 23 und 5 Uhr sowie sonntags darf ein Aufschlag erhoben werden, bei telefonischer Bestellung reduziert sich der Fahrpreis um 20%. Folgende Nummer ist zu empfehlen:
*Radio Taxi, Tel. 919

Unterkunft

Hotels

Entlang der Ostseeküste sind in den vergangenen Jahren viele neue Unterkünfte entstanden. Westliche Hotelketten schufen komfortable Luxushäuser: Radisson eröffnete ein 5-Sterne-Hotel in Stettin, Vienna International ein weiteres in Międzyzdroje. Hohen Standard garantieren auch die jüngst renovierten Orbis-Hotels. Viele von ihnen sind in den 70er Jahren entstanden, mehrstökkige Betonbauten ohne ästhetischen Glanz. Rasthäuser und Motels wurden entlang der Fernstraßen eingerichtet, sie tragen die Bezeichnung *zajazd* bzw. *gościniec*.

Schlösser und Paläste

Gewiß origineller nächtigt man in restaurierten Burgen und Schlössern. Zu den schönsten gehören Schloß Krokowa in der Kaschubischen Schweiz und die Kaiserliche Sommerfrische in Kadyny am Frischen Haff. Einfache Unterkünfte findet man in einer Ritterburg aus dem 15. Jahrhundert, 50 km südlich von Słupsk in Bytów.

Gästehäuser

Preiswert lebt es sich in den Gästehäusern, den ehemaligen pensjonaty. Hierbei handelt es sich um Erholungsheime, die früher Gewerkschaften und Betrieben gehörten, inzwischen jedoch privatisiert sind und auch Individualtouristen offenstehen. Das Preis-Leistungs-Verhältnis ist hier hervorragend, auf die Verpflegung, die meist im Preis eingeschlossen ist, sollte man auf keinen Fall verzichten. Fast immer bestehen Ausleihmöglichkeiten für Boote und Fahrräder, auch Kinderspielplätze sind oft angeschlossen. Es empfiehlt sich übrigens, Gästehäuser nicht über polnische oder auch deutsche Reiseagenturen zu buchen, sondern sich die Unterkunft vor Ort selber auszuwählen: die Preisunterschiede sind oft erheblich.

Sporthotels und Jugendherbergen

Sporthotels sind sauber und preiswert, liegen oft etwas außerhalb des Stadtkerns mit Zwei- bis Vierbettzimmern. Jugendherbergen sind dagegen nur als Notlösung zu empfehlen. Ganzjährig sind nur wenige geöffnet, doch während der Sommerferien kommen zahlreiche Saisonherbergen hinzu: umfunktionierte Schulräume, meist trist und ohne jeden Komfort. Einzige positive Ausnahme bilden Pobierowo und Gdańsk (›mittlerer Standard‹). Bevorzugt aufgenommen werden Jugendliche bis zu 26 Jahren, die maximale Aufenthaltsdauer beträgt drei Tage. Auch ohne Herbergsausweis darf man hier übernachten, zahlt dann aber einen Aufschlag von 25%.

Privatzimmer

In vielen Küstenorten sieht man Schilder mit der Aufschrift pokoje oder noclegi, zuweilen liest man auch auf deutsch: Zimmer frei. Hier werden Privatzimmer angeboten, die Preise sind zumeist niedrig. In der Regel zeigen sich die Gastgeber sehr bemüht, die Besucher zufriedenzustellen; sie tischen ein üppiges Frühstück auf und geben interessante Ausflugstips. – Privatzimmer werden auch über spezielle Mietagenturen (biuro zakwaterowanie) vermittelt, vereinzelt auch über Informations- und Reisebüros.

Preisklassen

In diesem Buch wird zwischen drei Preisklassen unterschieden. Die Preise bezeichnen die Übernachtungskosten im Doppelzimmer für eine Person:
Obere Preisklasse: über 50 DM
Mittlere Preisklasse: 25-50 DM
Untere Preisklasse: 10-25 DM
(Siehe auch: Camping)

Wandern

Reich ist die Auswahl an Wanderkarten (*mapa turystyczna*) vor allem in den Buchläden und PTTK-Büros von Stettin und Danzig. Wer nur wenig Zeit hat, sollte sich auf Ausflüge in die Nationalparks beschränken, in diesem Buch finden sich dafür mehrere Wandervorschläge (Woliński Park Narodowy, Słowiński Park Narodowy).
Es folgt ein Überblick über weitere interessante Wanderstrecken zwischen Świnoujście und Kołobrzeg. Die Strekken 1, 2 und 6 sind identisch mit Abschnitten des Europäischen Fernwanderwegs E9!
1. Świnoujście - Warszów - Ognica - Przytór - Łunowo - Międzyzdroje - Wisełka - Świętouść Międzywodzie - Dziwnów - Łukęcin - Pobierowo: 73 km Länge, rot markierter Küstenweg
2. Niechorze - Lędzin - Drozdowo - Sadlno - Włodarka - Trzebiatów - Nowielice - Trzebusz - Mrzeżyno - Roby: 49 km Länge, rot markiert, teilweise entlang der Küste
3. Międzyzdroje (Naturkundemuseum) - Wzgórza Kozierowskiego - Wicko - Wapnica - Lubin - Karnocice - Mokrzyca - Wolin - Recław - Ostrowo-See - Piaski - Sibin - Połchowo - Kamień Pomorski - Żółwino - Wrzosowo - Dziwnówek: 74,5 km Länge, blau markierter Weg am Stettiner Haff und entlang der Dziwna
4. Międzyzdroje (Naturkundemuseum) - Wisentreservat - Warnowo - Czajcze-See - Żółwino - Kołczewo - Świętouść: 19 km Länge, grün markierter Waldweg
5. Wolin (Zugbahnhof) - Wzgórze Młynówka - Wzgórze Wisielców - Wolin (Regionalmuseum): 6,5 km Länge, gelb markiert
6. Dreżewo Zugbahnhof - Gostyń - Pobierowo - Trzęsacz - Rewal - Niechorze - Pogorzelica (Zugbahnhof): 25,5 km, blau markiert

Zeitungen und Zeitschriften

In allen größeren Hotels kann man deutsche Zeitungen und Zeitschriften kaufen. Die größte Auswahl deutscher Tages- und Wochenzeitungen bietet das Herder-Zentrum in Danzig, in der Bibliothek dürfen sie eingesehen werden.

Zollbestimmungen

Touristen ab 18 Jahren können folgende Waren zollfrei ein- bzw. ausführen:
*Spirituosen bis 0,5 Liter
*Weinerzeugnisse bis 2 Liter
*Bier bis 5 Liter
*250 Zigaretten oder 50 Zigarren oder 250 g Tabak
*Andenken im Wert bis zu 100 US-Dollar
Ein abschließender Hinweis für alle, die daran interessiert sind, Kunstwerke zu kaufen und zu exportieren: Kunstgegenstände und Antiquitäten, die vor dem 9. Mai 1945 in Polen hergestellt wurden, dürfen nur exportiert werden, sofern eine spezielle Genehmigung des polnischen Denkmalschutzamtes vorliegt.

Kleiner Sprachführer

Westliche Besucher empfinden die polnische Sprache als Zungenbrecher: unaussprechlich scheinen ihnen Worte wie *szczęscia* (Glück) oder *miłość* (Liebe), so mancher ist froh, wenn er nach einem mehrtägigen Aufenthalt *cześć* (hallo) sagen kann.

Polnisch gehört zur slawischen Sprachfamilie, das Alphabet ist – anders als das Russische – lateinisiert. Die Betonung der Wörter liegt in der Regel auf der vorletzten Silbe. Folgende Buchstaben sind nur in der polnischen Sprache anzutreffen und bedürfen einer Erläuterung:

ę - wie in im französisch nasalen *fin*

ą - wie on im französisch nasalen *mon*

ł - wie wh im englischen *where*

ś - weiches s (sch)

ć - weiches c (tsch)

ń - wie nj im französischen *Champagne*

ó - wie u in Hund

ź, ż, rz - wie j in *Jalousien*

sz - entspricht sch

cz - entspricht tsch

Alle Vokale werden einzeln ausgesprochen: Buchstabenfolgen wie ie und eu werden nicht zu einem Laut zusammengezogen. Gleiches gilt für Konsonantenkombinationen: so wird z.B. *ck* nicht zu k verkürzt (Aussprache: tzk).

Grundvokabular

Guten Tag	dzień dobry
Guten Abend	dobry wieczór
Gute Nacht	dobran oc
Wie geht es Ihnen?	Jak się Pan (m) / Pani (w) ma?
Wie geht's?	Jak się masz?
Auf Wiedersehen	do widzenia
hallo / tschüß	cześć
danke	dziękuję
bitte	proszę
bitte sehr	proszę bardzo
Entschuldigung	przepraszam
ja	tak
nein	nie
warum?	dlaczego?
Sprechen Sie deutsch oder englisch?	Czy mówi Pan (m) / Pani (w) po niemiecku albo po angielsku?
Ich spreche kein Polnisch!	Nie mówię po polsku!
Ich verstehe nicht!	Nie rozumiem!
Ich weiß nicht!	Nie wiem!
Bitte langsam!	Proszę powoli!
Bitte schreiben Sie es mir auf!	Proszę mi to napisać!
Ich heiße...	Nazywam się...
Wieviel kostet das?	Ile to kosztuje?
Die Rechnung bitte!	Poproszę o rachunek!
Zahlen	bitte!
Das ist zu teuer!	To za drogo!
billig	tanio
Die Rechnung stimmt nicht!	Rachunek się nie zgadza!
Akzeptieren Sie Kreditkarten?	Czy mogę zapłacić kartą kredytową?
Wo ist die nächste Bank / Wechselstube?	Gdzie jest najblizszy bank/ kantor?
klein	mały

groß	duży
wenig	mało
viel	dużo
gut	dobry
schlecht	niedobry / zły
besetzt	zajęty
frei	wolny
geöffnet	czynne / otwarty
geschlossen	nieczynny / zamknięty

Ortsangaben

Wo ist...?	Gdzie jest...?
Haus	dom
hier	tu / tutaj
dort	tam
links	na lewo
rechts	na prawo
geradeaus	po prostu
gegenüber	na przeciw
nahe	blisko
weit	daleko

Zeitangaben

Wann? Um wieviel Uhr?	Kiedy? O której godzinie?
Wie lange?	Jak długo?
Wie spät ist es?	Która jest godzina?
morgens	rano
nachmittags	po połodniu
abends	wieczorem
jetzt	teraz
später	później
heute	dzisiaj
gestern	wczoraj
morgen	jutro
Tag / Nacht	dzień / noc
Woche	tydzień
Montag	poniedziałek
Dienstag	wtorek
Mittwoch	środa
Donnerstag	czwartek
Freitag	piątek
Samstag	sobota
Sonntag	niedziela
Feiertag	święto
Monat	miesiąc
Januar	styczeń
Februar	luty
März	marzec
April	kwiecień
Mai	maj
Juni	czerwiec
Juli	lipiec
August	sierpień
September	wrzesień
Oktober	październik
November	listopad
Dezember	grudzień

Zahlen

0	zero
1	jeden
2	dwa
3	trzy
4	cztery
5	pięć
6	sześć
7	siedem
8	osiem
9	dziewięć
10	dziesięć
11	jedenaście
12	dwanaście
13	trzynaście
14	czternaście
15	piętnaście
16	szesnaście
17	siedemnaście
18	osiemnaście
19	dziewiętnaście
20	dwadzieścia
30	trzydzieści
40	czterdzieści
50	pięćdziesiąt
60	sześćdziesiąt
70	siedemdziesiąt
80	osiemdziesiąt
90	dziewięćdziesiąt
100	sto
101	sto jeden
1000	tysiąc

Allgemeines und Geographisches

aleja (Abk. al.)	Allee
artykuły spożywcze	Lebensmittel
basen	Schwimmbad
brama	Tor
cmentarz	Friedhof
delikatesy	Feinkost
dolina	Tal
droga	Weg
góra	Berg
granica	Grenze
hala	Almwiese
jezioro	See
kaplica	Kapelle
kantor	Wechselstube
kawiarnia	Café
klasztor	Kloster
kościół	Kirche
las	Wald
most	Brücke
pałac	Palast
piwnica	Bierkeller
plac	Platz
poczta	Post
pole	Feld
potok	Bach
przedmieście	Vorort
ratusz	Rathaus
restauracja	Restaurant
ruch	Kiosk
rynek główny	Hauptplatz
rzeka	Fluß
samoobsługa	Selbstbedienung
skała	Felsen
stare miasto	Altstadt
święty	Heiliger
szlak turystyczny	Wanderweg
ulica (ul.)	Straße
wejście	Eingang
wieś	Dorf
wodospad	Wasserfall
wyjście	Ausgang
zamek	Schloß
zdrój	Kurort

Verkehrsmittel

Abfahrt	odjazd
Ankunft	przyjazd
Flughafen	lotnisko
Bahnhof	dworzec
Zug	pociąg
Bahnsteig	peron
Bushaltestelle	przystanek autobusowy
Bus	bus
Straßenbahn	tramwaj
Taxi	taksówka
Fahrkarte	bilet
Fahrkarten-schalter	kasa biletowa
einfache Fahrt	bilet w jedną stronę
Rückfahrt	bilet powrotny
Umsteigen	przesiadiać się
Sitzplatz-reservierung	miejscówka
für (Nicht-) Raucher	dla (nie)palących
Wie lange dauert die Fahrt?	Ile czasu trwa podroz?
Tankstelle	stacja benzynowa
Benzin	benzyna
Bleifreies Benzin	benzyna bezołowiowa
Öl	olej
Wasser	woda
Umleitung	objazd
Durchfahrt verboten	przejazd wzbroniony
bewachter Parkplatz	parking strezony
Panne	awaria
Unfall	wypadek

Unterkunft

Hotel	hotel
preiswertes Hotel	dom wycieczkowy
Herberge	schronisko
Jugendherberge	schronisko młodziezowe
Zelt	namiot
Privatunterkunft	kwatera prywatna

Unterkunft	noclegi
Zimmer	pokój
Einzelzimmer	- jednoosobowy
Doppelzimmer	- dwuosobowy
Haben Sie ein Zimmer frei?	Czy Pan (m) / Pani (w) ma pokój?
Ich möchte ein Zimmer ...	Chciałbym (m)/ chciałabym (w) pokój
- mit Bad	- z łazienką
- mit Dusche	- z prysznicem
- mit Balkon	- z balkonem
- für einen Tag	- na jeden dzień/ doba (24 Std.)
- für eine Woche	- na jeden tydzień
Wieviel kostet das Zimmer pro Nacht ...?	Ile kosztuje ten pokój za dobę...?
- mit Frühstück	- ze śniadaniem
- mit Halbpension	- ze śniadaniem i kolacja
- mit Vollpension	- z całym wyżywieniem
- für zwei Personen	- na dwie osoby
Ist das Zimmer ruhig?	Czy to cichy pokój?
Kann ich das Zimmer sehen?	Czy mogę zobaczyć pokój?

Essen und Trinken

Restaurant	restauracja
Ist dieser Tisch frei?	Czy jest wolny stolik?
Bitte die Speisekarte!	Proszę o kartę!
Bitte bringen Sie mir ...	Proszę ...
vegetarisch	jarski
Wir möchten bestellen	chcemy zamówić
Herr Ober!	Proszę pana!
Ich nehme das hier	Wezmę to!
Was empfehlen Sie?	Co pan nam poleca?
Die Rechnung bitte!	Proszę o rachunek!
Garderobe	szatnia
Toiletten	toalety
Damen	dla pań (damska)
Herren	dla panów (meska)
Aschenbecher	popielniczka
Flasche	butelka
Gabel	widelec
Glas	szklanka
Löffel	łyżka
Messer	nóż
Serviette	serwetka
Tasse	filiżanka
Teller	talerz

antrykot	Entrecôte
babka drożdżowa	Hefekuchen
bacoski	warmer, geräucherter Schafskäse
barszcz czerwony	Rote-Rüben-Suppe
- z krokotkiem	- mit Fleischkrokette
- z uszkami	- mit kleinen Teigtaschen
befsztyk	Beefsteak
- tatarski	Beefsteak Tatar
bigos	Krautgulasch mit Pilzen
budyń	Pudding
bukiet z jarzyn	Platte mit gekochtem Gemüse
bułka	Brötchen
chleb	Brot
chłodnik	Kaltschale aus roter Beete
chrzan	Meerrettich
ciastko	Kuchen
cielęcina	Kalbfleisch
cukier	Zucker
dania bezmięsne	fleischlose Gerichte
- jarskie	vegetarische G.
- mięsne	Fleischgerichte
- rybne	Fischgerichte
desery	Nachtisch
dorsz	Dorsch
drób	Geflügel
dziczyna	Wild

In einem kaschubischen Wirtshaus

dżem	Marmelade
eskalopi cielęce	Kalbsschnitzel
fasolka szparagowa	grüne Bohnen
filet z kurczaka	Hähnchenfilet
flaki	Kutteln
frytki	Pommes Frites
galaretka	Götterspeise
golonka	Eisbein
gołąbki	mit Fleisch und Reis gefüllte Krautrouladen
groszek zielony	grüne Erbsen
gruszki	Birnen
grzyby	Pilze
- marynowane	marinierte Pilze
gulasz wołowy	Rindsgulasch
herbata	Tee
- góralska	hochprozentiges Getränk
- z cytryną	Tee mit Zitrone
- z mlekiem	Tee mit Milch
indyk	Truthahn
jabłka	Äpfel
jajecznica	Rührei
jajko	Ei
kaczka pieczona z jabłkami	gebratene Ente mit Äpfeln
kalafior	Blumenkohl
kapusta kiszona	Sauerkraut
- z grzybami	Kraut mit Pilzen
kapuśniak	Krautsuppe
karp w galarecie	Karpfen in Aspik
kawa	Kaffee
- z mlekiem	- mit Milch
- z bitą śmietaną	- mit Sahne
- mrożona	Eiskaffee
kawior	Kaviar
kiełbasa	Wurst
- z rożna	Grillwurst
kluski/kluseczki	Nudeln
kolacja	Abendessen
kompot	Kompott
knedle	Knödel
kotlet szabowy	Schweineschnitzel
- mielony	Hackschnitzel
krewetki	Garnelen
królik	Kaninchen
krupnik	Graupensuppe
kurczak	Hähnchen
kurki	Pfifferlinge
lody	Eis
osoś	Lachs
makowiec	Mohnkuchen
makrela	Makrele

masło	Butter
miód pitny	Honigwein
mizeria	Gurkensalat mit saurer Sahne
mleko	Milch
- kwaśne	Sauermilch
musztarda	Senf
naleśniki	Eierkuchen
- z serem	- mit Quark
napoje	Getränke
- alkoholowe	alkoholische G.
- bezalkoholowe	alkoholfreie G.
- owocowe	Fruchtgetränke
obiad	Mittagessen
okoń	Barsch
oszczypek	regionaler Schafskäse
owoce	Früchte
parówki	Würstchen
pasztet	Pastete
pieczarki	Champignons
pieczeń	Braten
- huzarska	gefüllter Rindsbraten
- z dzika	Wildschweinbraten
- wieprzowa	Schweinsbraten
pieczywo	Gebäck
pieprz	Pfeffer
pierogi	gefüllte Teigtaschen
- po ruskie	- russische Art
- z mięsem	- mit Fleisch
- z kapustą	- mit Sauerkraut
piwo	Bier
placki ziemniaczane	Kartoffelpuffer
polędwica	Lendenstück
pomodory	Tomaten
potrawka	Ragout
- z kurczaka	Geflügelragout
- cielęca	Kalbsragout
pstrąg	Forelle
rosół	Brühe
rożen	Grill
rumsztyk	Rumpsteak
ryba smażona	gebratener Fisch
- wędzona	geräucherter F.
- w galarecie	Fisch in Aspik
ryż	Reis
sałatka	grüner Salat
- jarzynowa	Gemüsesalat
- z pomidorów	Tomatensalat
sandacz	Zander
sardynka	Sardine
ser biały	Schichtkäse
- żółty	Hartkäse
sernik	Käsekuchen
sielawa	Maräne
śledź w oleju	Hering in Öl
śmietana	Sahne
śniadanie	Frühstück
sok	Saft
- pomarańczowy	Orangensaft
- pomidorowy	Tomatensaft
- jabłkowy	Apfelsaft
- z czarnej poreczki	Johannisbeersaft
sól	Salz
sos	Soße
stek	Steak
surówka	Rohkost
- z marchewki	Karottensalat
- z pomidorów	Tomatensalat
szampan	Sekt
szarlotka	Apfelkuchen
szaszłyk	Fleischspieß
szczupak	Hecht
sznycel	Schnitzel
szparagi	Spargel
sztufada	Rindersauerbraten
tort	Torte
twaróg	Quark
truskawki	Erdbeeren
warzywa	Gemüse
węgorz wędzony	geräucherter Aal
wieprzowina	Schweinefleisch
wino	Wein
- białe	Weißwein
- czerwone	Rotwein
- grzane	Glühwein
- wytrawne	trockener Wein
- słodki	süßer Wein
woda mineralna	Mineralwasser
wódka	Wodka
wołowina	Rindfleisch
zając w śmietanie	Hase in Sahne

zapiekanka	überbackenes Baguette
ziemnaki	Kartoffeln
zrazy	Fleischklößchen
zupa	Suppe
– grzybowa	Pilzsuppe
– jarzynowa	Gemüsesuppe
– ogórkowa	Gurkensuppe
– pomidorowa	Tomatensuppe
żurek	Sauerrahmsuppe

Post / Telefon

Post	poczta
Brief	list
Postkarte	pocztówka
Briefmarken	znaczki
Telefon	telefon
Ich möchte nach Deutschland telefonieren!	Chciałbym (m)/ chciałabym (w) zadzwonić do Niemec!
Wie lange muß ich warten?	Jak długo będę czekać?
Wo kann ich telefonieren?	Skąd mogę zatelefonować?
Telefonnummer	numer telefonu
Vorwahlnummer	numer kierunkowy
Falsch verbunden!	Złe połączone!

Arztbesuch

Arzt	lekarz
Zahnarzt	dentysta
Krankenhaus	szpital
Apotheke	apteka
ich habe...	mam...
– Bauchschmerzen	ból brzucha
– Kopfschmerzen	ból głowy
– Fieber	temperatura
– Erkältung	przeziebienie
– Zahnschmerzen	ból zęba

Notfälle

Botschaft	ambasada
Polizei	policja
Pannenhilfe	pogotowie techniczne
Krankenhaus	szpital
Rettungswagen	pogotowie ratunkowe
Feuerwehr	straż pożarna
Hilfe!	Pomocy! Ratunku!
Ich bin bestohlen worden!	Zostałem okradziony(m) / okradziona (w)!

Verzeichnis deutsch-polnischer Ortsnamen

Biały Bór - Baldenburg
Braniewo - Braunsberg
Chałupy
Darłowo - Rügenwalde
Dziwnów - Bad Dievenow
Elbląg - Elbing
Frombork - Frauenburg
Gdańsk - Danzig
Gdynia - Gdingen
Goleniów - Gollnow
Gryfice - Greifenberg
Hel - Hela
Jarosławiec - Jershöft
Jastarnia - Heistornest
Jastrzębia Góra - Habichtsberg
Jurata
Kadyny - Cadinen
Kamień Pomorski - Cammin
Kanał Elbląg-Ostróda - Oberland-Kanal
Kartuzy - Karthaus
Kaszuby - Kaschubien
Kołobrzeg - Kolberg
Koszalin - Köslin
Kościerzyna - Berent
Krokowa - Krockow
Krynica Morska - Kahlberg
Łeba - Leba
Lębork - Lauenburg
Łobez - Labes
Malbork - Marienburg
Międzyzdroje - Misdroy
Mierzeja Helska - Halbinsel Hela
Mierzaja Wiślana - Frische Nehrung
Niechorze - Horst
Nowe Warpno - Neuwarp
Oliwa - Oliva
Puck - Putzig
Rewal
Słowiński Park Narodowy - Slowinzischer Nationalpark
Słupsk - Stolp
Sopot - Zoppot
Świnoujście - Swinemünde
Szczecin - Stettin
Sztutowo - Stutthof
Tolkmicko - Tolkemit
Trzebiatów - Treptow
Ustka - Stolpmünde
Ustronie Morskie - Henkenhagen
Uznam - Usedom
Władysławowo - Großendorf
Wolin - Wollin
Woliński Park Narodowy - Wollin-Nationalpark
Zalew Wiślany - Frisches Haff
Zatoka Gdańska - Danziger Bucht
Żukowo - Zuckau

Literaturtips

Danzig: Ein Lesebuch. Hg. Diethard H. Klein / Heike Rosbach. Husum, 1990: mit Beiträgen u.a. von Pablo Neruda, E.T.A. Hoffmann, Arthur und Johanna Schopenhauer, Daniel Chodowiecki und Joseph von Eichendorff.

Dedecius, Karl. Von Polens Poeten. Frankfurt, 1988: Nowaczyński (Sopot & Gdynia) ist nur einer jener kraftvoll schreibenden Literaten, die Karl Dedecius vorstellt.

Der Monarch und der Dichter. Polnische Märchen und Legenden. Hg. Karl Dedecius. Frankfurt, 1983: darunter auch pommersche Legenden, von bekannten polnischen Literaten berarbeitet.

Döblin, Alfred. *Reise nach Polen.* Freiburg, 1968: Lebendige Schilderung einer Reise, die der 1878 in Stettin geborene Schriftsteller in der Zwischenkriegszeit unternahm.

Erzählungen aus Pommern. Hg. Klaus Granzow. Tübingen/Basel, 1984: mit Beiträgen u.a. von Hans Fallada, Theodor Fontane, Selma Lagerlöf, Alfred Döblin und Günter Eich.

Fontane, Theodor. *Meine Kinderjahre.* Ditzingen, 1986: Der Autor verbrachte ab 1827 viele Jahre in Swinemünde und entwarf in seinen Memoiren das Bild eines Ostseebads im 19. Jahrhundert.

Grass, Günter (geb. 1927 in Danzig). *Die Blechtrommel.* München, 1993: Erfolgsroman des 1927 in Danzig geborenen Schriftstellers, von Volker Schlöndorff verfilmt; das Heraufziehen des Faschismus in der Freistadt Danzig wird aus der Perspektive eines Kindes in der Tradition bester Schelmengeschichten erzählt.

Grass, Günter. *Unkenrufe.* München, 1994: Bissige Satire über das neue deutsch-polnische Verhältnis, 1996 als Fernsehspiel verfilmt.

Krockow, Christian Graf von. *Reise nach Pommern*: Bericht aus einem verschwiegenen Land. München, 1993: Erinnerungen des aus Krokowa in der Kaschubei stammenden Autors werden mit Gesprächen heutiger polnischer Bewohner zu einem lebendigen Bericht verwoben.

Johnson, Uwe. *Mutmaßungen über Jakob.* Frankfurt, 1959: Geboren 1934 in Cammin, berichtet Johnson über »ein Leben, das im Westen fremd und im Osten nicht mehr heimisch war«.

Koeppen, Wolfgang. *Jugend.* Frankfurt, 1976: Erinnerungen des 1906 in Greifswald geborenen Autors.

Polen zwischen Ost und West. Hg. Marek Klecel. Frankfurt, 1995: Polnische Essays des 20. Jahrhunderts.

Polnische Volksmärchen. Hg. Ewa Bukowska-Grosse / Erwin Koschmieder. München, 1989: über Jurata, die baltische Königin, und andere mythische Figuren...

Röhl, Klaus Rainer, *»Haben Sie hier mal gewohnt?«*, Wochenpost Nr. 32 (1995), S. 58–61: Rückkehr in die Stadt der Kindheit.

Schleuning, Horst: *Danzig.* Geschichte einer Stadt im Spiegel ihrer Denkmäler. Bremen, 1992.

Schleuning, Horst: *Danzig und seine Mottlau.* Bremen, 1996

Index

Meer sehen – Stadt bummeln

Krakau
220 S., 98 farb. Abb., Karten
Hardcover-Pocket
24,90 DM/sFr, 184,– öS
ISBN 3-86108-415-5

Hohe Tatra – Zakopane
136 S., 45 farb. Abb., Karten
Hardcover-Pocket
24,90 DM/sFr, 184,– öS
ISBN 3-86108-434-1

Polen entdecken

Danzig und seine Mottlau
129 S., 130 Abb., Karten, geb.
29,90 DM/sFr, 221,– öS
ISBN 3-86108-428-7

Danzig - Gdańsk
206 S., 100 farb. Abb., Karten
Hardcover-Pocket
24, 90 DM/sFr, 184,– öS
ISBN 3-86108-407-4

Danzig im Spiegel seiner Denkmäler
212 S., 188 Abb., Karten, geb.
29,– DM/sFr, 215,– öS
ISBN 3-926958-84-7

Edition Temmen

Hohenlohestr. 21 –28209 Bremen – Tel. 0421-344280, Fax 0421-348094

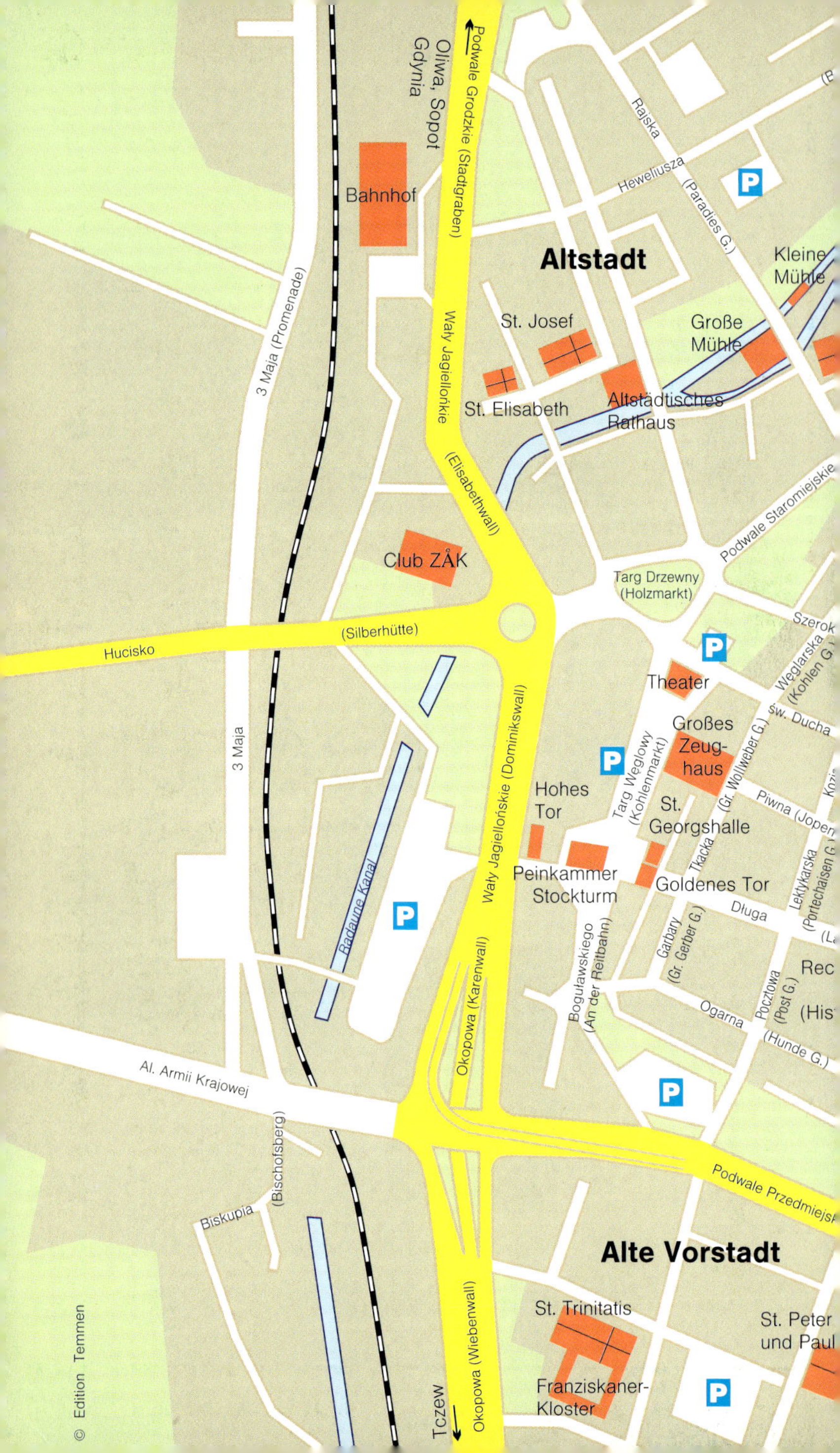
Podwale Grodzkie (Stadtgraben)
Oliwa, Sopot
Gdynia
Bahnhof
Rajska
Heweliusza
(Paradies G.)
Altstadt
Kleine Mühle
Große Mühle
St. Josef
St. Elisabeth
Altstädtisches Rathaus
Wały Jagiellońskie
(Elisabethwall)
3 Maja (Promenade)
Club ZAK
Podwale Staromiejskie
Targ Drzewny (Holzmarkt)
Szeroka
Węglarska (Kohlen G.)
Hucisko
(Silberhütte)
Theater
św. Ducha
Großes Zeughaus
Targ Węglowy (Kohlenmarkt)
(Gr. Wollweber G.)
Piwna (Jopen...)
Hohes Tor
St. Georgshalle
Wały Jagiellońskie (Dominikswall)
3 Maja
Radaune Kanal
Peinkammer
Stockturm
Tkacka
Goldenes Tor
Lektykarska (Portechaisen G.)
Długa
Bogusławskiego (An der Reitbahn)
Garbary (Gr. Gerber G.)
Pocztowa (Post G.)
Ogarna
(Hunde G.)
Okopowa (Karenwall)
Al. Armii Krajowej
Podwale Przedmiejskie
Biskupia
(Bischofsberg)
Alte Vorstadt
St. Trinitatis
St. Peter und Paul
Franziskaner-Kloster
Okopowa (Wiebenwall)
Tczew
© Edition Temmen